柏女霊峰
Kashiwame Reiho

平成期の子ども家庭福祉

政策立案の内側からの証言

生活書院

まえがき

　平成期が終わり、令和期という新しい元号が始まりました。子どもはおとなが次の世代に贈る生きたメッセージであり、子育ては次世代を育む営みといわれます。「子はかすがい」ともいわれますが、子育ては人と人とをつなぎ、また、時代と時代とを結ぶかすがいでもあります。

　昭和期は、わが国において子ども家庭福祉の基礎固めが行われた時期であり、昭和46年の児童手当法の制定をもっていわゆる児童福祉六法体制が確立された時期でもありました。

　昭和30-40年代の高度経済成長時代を経て、昭和50年代から安定成長時代に入っていくこととなります。50年代後半は財政危機のあおりで福祉見直しが進められた時期でもありました。

　こうした時代を経て、平成期は，これらの基礎的法律のうえに，新時代に対応するための多くの新法が成立した時期でもありました。たとえば、児童虐待の防止等に関する法律（平成12年）、配偶者からの暴力の防止及び被害者の保護等に関する法律（平成13年）、少子化社会対策基本法（平成15年）、次世代育成支援対策推進法（平成15年）、発達障害者支援法（平成17年）、子ども・若者育成支援推進法（平成21年）、子ども・子育て支援法（平成24年）、子どもの貧困対策の推進に関する法律（平成25年）、いじめ防止対策推進法（平成25年）等があります。いわば、価値観の多様性に配慮した制度の谷間の課題に対応する法律や政策が進められていった時期といってよいでしょう。

　私は、1976（昭和51）年に千葉県市川児童相談所に勤務し、1986（昭和61）年に厚生省（当時）に移り、1994（平成6）年に淑徳大学に移ってから現在まで、子ども家庭福祉の援助と政策立案に携わってきました。いわば、昭和末期から平成期末にかけて子ども家庭福祉に関する多くの臨床実践、政策立案実践を進めてきたことになります。その証として、主として平成期の子ども家庭福祉を振り返り、新しい時代に送る生きたメッセージを届けたい、そう

願うようになったのは、還暦を迎えた頃でした。

　そのように考えていた矢先の2017（平成29）年秋、私に、「厚生行政のオーラルヒストリー」という文部科学省科研費継続研究（菅沼隆研究班）のインタビュイーとして打診がありました。私の厚生行政関係業務のオーラルヒストリーをとってくださるというのです。まさに奇縁と感じ、二つ返事で受諾し、その作業に入ることとしました。第1回目のインタビュー（児童相談所時代、厚生省時代）は、2018（平成30）年3月1日3時間でした。その後、第2回目が8月6日3時間（審議会関係1）、第3回目が8月28日4時間（審議会関係2）で、計10時間のインタビューでした。そのそれぞれについて事実関係を調べて詳細な記録文章を作成し、ことに臨みました。インタビューについては、2019（平成31）年3月、別途、報告書が作成されています。

　本書は、そのなかから、主として厚生省時代の政策立案関係業務、淑徳大学に出てからの国の審議会を中心とする政策立案関係業務を中心に、インタビュー草稿をもとにまとめたものです。学生時代のボランティア体験、児童相談所時代など、のちの政策立案等に影響を与えた私の体験についても、短くまとめています。その方が、私の政策立案実践の背景を理解していただけると考えたからです。

　最初に、本書をどのようにお読みいただけばいいか、序章で解説しています。また、平成期の子ども家庭福祉の概観について、簡潔に振り返っています。いわば、私の子ども家庭福祉供給体制研究の根幹部分といえます。そのうえで、厚生省時代、淑徳大学時の昭和末期から平成期にあたるさまざまな子ども家庭福祉の動向について、自らの政策立案体験に基づきながら、回顧録風に綴っています。私の主観の入ったとりまとめになりますが、厚生省時代、審議会・検討会の委員・委員長として、何を考えてそれぞれの政策立案に臨んだかがつぶさにわかるように綴っています。

　子ども家庭福祉分野の大部分を経験できたため、昭和末期、平成期の子ども家庭福祉を通覧できるのではないかと思います。現代においても大きな課題となっている特別養子縁組制度の創設、児童相談所のあり方、幼児教育・保育の無償化などについても、これまでの経緯を振り返ることができると思います。また、それらの体験を踏まえ、現代における検討上の評価なども、

折に触れて書き込んでいます。まだ私の活動は令和の時代にもしばらく続くこととなりますが、本書では平成期の子ども家庭福祉の証言を中心とし、次の世代にバトンタッチするための1冊にできればと願っています。

　本書が子ども家庭福祉研究者、実務家、行政担当者、子ども家庭福祉をめざす学生たちに読まれ、そのことによって、新しい時代の子ども家庭福祉がより良い方向に進んでいく一助となるならば、著者としてこれ以上の喜びはありません。本書が、多くの方々に手に取られることを心より願っています。

　2019（令和元）年7月

柏女　霊峰

平成期の子ども家庭福祉——政策立案の内側からの証言

目　次

まえがき　*3*

序章　平成期の子ども家庭福祉を語る基本的視点

1　政策立案に関わる前提としての私の基本的視点　*11*
2　政策に関わりながらの研究　*14*
3　平成期の子ども家庭福祉概観　*16*

第1部　平成期の子ども家庭福祉（1）——厚生省時代（昭和61年～平成6年）

第1章　厚生省勤務に至るまで

1　YMCA、興望館ボランティア時代　*22*
2　児童相談所での生活　*25*
3　児童相談所時代のいくつかのエピソード　*26*
4　学生時代のボランティア経験、児童相談所時代を通じて得られたこと　*33*

第2章　厚生省時代の政策立案——昭和期から平成期の子ども家庭福祉

1　厚生省の組織と仕事　*35*
2　専門官の業務　*36*
3　特別養子縁組制度創設（1986-1988）　*39*
4　児童相談所運営指針の全面改訂（1989-1990）　*40*
5　「厚生省報告例記入要領及び審査要領（社会福祉関係）」の改訂
　　（指針改定と同時期）　*45*
6　児童の権利に関する条約の批准に向けての作業（1992頃～）　*51*
7　主任児童委員制度（1992～）　*56*
8　子供の未来21プラン研究会報告書（1993）　*57*
9　エンゼルプランとりまとめ作業——少子化対策（1994）　*60*
10　印象に残る業務　*63*
11　児童相談事例集の編集、発行その他、図書の監修、発行　*73*
12　総括　*75*

コラム1　専門官十訓　*55*

コラム2　厚生省時代に力を入れた論文　*59*

コラム3　厚生省を辞してすぐに執筆した原稿1　*68*

コラム4　厚生省を辞してすぐに執筆した原稿2　*78*

第2部　平成期の子ども家庭福祉（2）──淑徳大学時代（平成6年〜平成31年）

第1章　主な審議会・検討会への参画

　1　淑徳大学に出る契機　*82*

　2　主な審議会・検討会委員歴　*82*

第2章　厚生行政の審議会等の振り返り
──平成期の子ども家庭福祉（審議会等報告）

Ⅰ　保育関係　*92*

　1　中央児童福祉審議会臨時委員として規制改革への関わり　*92*

　2　保育所保育指針検討小委員会委員、保育士養成課程検討委員会委員　*94*

　3　保育士資格の法定化　*95*

　4　総合施設の検討　*98*

　5　保育所保育指針改定と保育士養成課程の改正　*99*

　6　幼児教育の無償化　*102*

　7　子ども・子育て新システムから子ども・子育て支援新制度へ（保育関係）　*102*

　8　幼保連携型認定こども園教育・保育要領の策定　*105*

Ⅱ　児童虐待防止関係　*108*

　1　児童虐待防止政策への関わり　*108*

　2　2004（平成16）年改正児童福祉法、児童虐待防止法　*109*

　3　児童虐待等要保護事例の検証に関する専門委員会委員長　*111*

　4　総務省研究会委員　*113*

　5　こうのとりのゆりかご検証会議座長　*115*

Ⅲ　社会的養護関係　*120*

　1　社会的養護の今後のあり方のとりまとめ　*120*

　2　社会的養護の課題と将来像の策定と実施など　*122*

　3　運営指針の策定　*125*

　4　新たな社会的養育ビジョンへの対応──社会的養育専門委員会委員長　*127*

Ⅳ　障害児支援　*132*

　　1　障害児支援の見直しに関する検討会座長　*132*
　　2　障がい者制度改革推進会議総合福祉部会委員　*134*
　　3　障害児支援のあり方に関する検討会座長　*136*
　　4　障害児入所施設の在り方に関する検討会座長　*138*

Ⅴ　放課後児童クラブ、児童館関係　*139*

　　1　放課後児童クラブガイドラインの策定　*139*
　　2　児童館ガイドライン検討会座長　*141*
　　3　厚生労働省・社会保障審議会児童部会放課後児童クラブの基準に関する
　　　　専門委員会委員長（2015〔平成27〕年4月まで）　*143*
　　4　放課後児童クラブ運営指針の策定と放課後児童支援認定資格研修　*145*
　　5　放課後児童クラブ運営指針解説書の作成　*147*
　　6　放課後児童対策に関する専門委員会委員長　*148*

Ⅵ　少子化対策・計画行政・子ども・子育て支援制度　*149*

　　1　少子化対策　*149*
　　2　次世代育成支援地域行動計画策定指針　*153*
　　3　次世代育成支援施策の在り方に関する研究会　*153*
　　4　内閣府・子ども・子育て新システム検討会議幼保一体化ワーキングチーム
　　　　から子ども・子育て会議へ　*156*
　　5　幼保連携型認定こども園教育・保育要領の作成　*162*

Ⅶ　地域子育て支援　*163*

Ⅷ　統計行政　*167*

Ⅸ　指針の作成　*168*

第3部　平成期子ども家庭福祉の到達点とこれから

第1章　平成期子ども家庭福祉の新しい理念
——子ども・子育て支援制度の創設と2016(平成28)年改正児童福祉法

　　1　子ども・子育ての動向　*170*
　　2　子ども家庭福祉制度の限界と新たな船出　*171*
　　3　子ども・子育て支援制度の創設と現在　*172*
　　4　子ども・子育て支援制度の特徴と意義　*172*
　　5　子ども・子育て支援制度と社会連帯　*174*
　　6　2016（平成28）年改正児童福祉法の概要　*175*
　　7　障害児支援の理念　*176*

第2章　子ども家庭福祉の現在の課題と視野に入れるべき動向

1　子ども家庭福祉の分野別課題　*179*
2　今後の子ども家庭福祉を考えるうえでの新たな動向　*181*

第3章　子ども家庭福祉における包括的・継続的支援の可能性
——共生社会の創出をめざして

1　複雑化する子ども・子育て支援施策と施策の切れ目の課題　*195*
2　公民協働による切れ目のない支援を進める　*197*
3　子ども家庭福祉分野における地域包括的・継続的支援の可能性　*199*
4　地域包括的・継続的支援体制構築のための論点　*201*
5　今後に向けて　*201*
6　全国市町村を対象とした調査結果と若干の考察　*203*
7　地域包括的・継続的支援の基礎構造の上に権利擁護システムの整備を　*204*
8　おわりに——通底する共生社会づくりの理念　*207*

あとがき　*211*

著者紹介　*214*

序　章

平成期の子ども家庭福祉を語る基本的視点

1　政策立案に関わる前提としての私の基本的視点

(1) 私が関わってきた時代の子ども家庭福祉の総括と私の基本的視点

　まず、わが国の子ども家庭福祉についていえば、2つの大きな潮流が子ども家庭福祉サービス供給体制を市町村と都道府県に二元化させているといえます。図1は、子ども家庭福祉供給体制の流れを俯瞰したものです。

　少子化対策は1990（平成2）年の1.57ショックに始まり、待機児童問題、いわゆる規制緩和や三位一体改革、公的契約制度である認定こども園創設、次世代育成支援施策を経て子ども・子育て支援制度創設に至っています。この分野では、子育ての「社会的支援」や「社会連帯」等が理念となります。

　一方、要保護児童福祉は、1994（平成6）年の子どもの権利条約締結から子ども虐待対策（1996〔平成8〕年から本格開始）における家庭に対する公権介入の強化、司法関与の拡充が続き、配偶者暴力防止、被措置児童等虐待防止等権利擁護の流れを作り出していくこととなります。この分野では、「公的責任」「公権介入の強化」による「権利擁護」が理念となっています。このように、子ども家庭福祉は、いわば子どもの育ち・子育てに対する『支援と介入』の強化をセットにして進められていくこととなるのです。

　そして、これが、戦後から続く子ども家庭福祉の二元行政を強固なものにしていくことにつながります。しかし、高齢者福祉、障害者福祉など他の分野に比較して、この両システムを分断したままの体制整備は限界を迎えていると感じられ、このままでは、それぞれの国の所管[1]が異なることを踏まえ、子ども家庭福祉制度体系そのものが「子ども・子育て支援制度」（内閣府）と

11

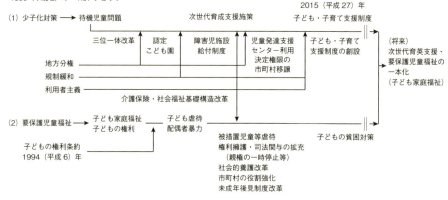

図1 子ども家庭福祉供給体制改革の動向と今後の方向
出所：柏女作成（柏女 2008: 141 を筆者改正）

狭義の「児童福祉制度」（厚生労働省子ども家庭局）、「障害児支援」（同省障害保健福祉部）とに分断されてしまう事態も招きかねない状況に陥っています。

　次のステージ、つまり、両システムの統合に向けての見取り図、羅針盤を用意しなければならない時期に来ており、他分野同様、包括的・一元的体制づくりをめざしていくことが求められているのだと思います。そして、そのことが、子ども・子育てを通じた共生社会の実現を、生み出していくこととなるのではないかと思っています。これが、私の平成期の子ども家庭福祉の基本認識になります。

(2) 私の基本的視点——人間の一生を通じた包括的な保障～四つ葉のクローバー

　ところで、子ども家庭福祉供給体制の特徴は、成人、特に高齢者の施策と比較すると、①都道府県中心、②職権保護中心、③施設中心、④事業主給付中心、⑤税中心、⑥保健福祉と教育の分断、の6点が挙げられるように思います。さらに欧米のシステムと比較すると、⑦限定的司法関与[2]を挙げることができるでしょう。

　人間の一生を包括的に支援するという観点からは、子ども家庭福祉供給体

```
                現行                           将来
 （1）都道府県中心        →    市町村中心（都道府県との適切な役割分析）
 （2）職権保護中心        →    契約と職権保護のバランス
 （3）施設中心           →    施設と在宅のサービスバランス
 （4）事業主補助中心       →    個人給付と事業主補助のバランス
 （5）税中心            →    税を中心としつつ社会保険を加味
 （6）保健福祉と教育の分断   →    保健福祉と教育の統合・連携
 （6）保健福祉と教育の分断   →    保健福祉と教育の統合・連携
 （7）限定的司法関与       →    積極的司法関与
```

図2　子ども家庭福祉供給体制の将来方向（柏女 2008a, p.147）

制も、①市町村中心（都道府県との適切な役割分担）、②契約と職権保護のバランス、③施設と在宅サービスのバランス、④個人給付と事業主補助のバランス、⑤税を中心としつつ社会保険を加味、⑥保健福祉と教育の統合・連携、⑦積極的司法関与、の方向を念頭に、再構築に向けて検討を開始することが必要と思われます。これらは、図2のように示されます。

　1990（平成2）年の1.57ショックを契機として開始された、いわゆる少子化対策は、年金・医療・介護充実のための手段として出発した経緯をもっています。そして、現在もなお、その流れを引きずっているように思います。

　これからの子ども家庭福祉は、「年金・医療・介護」と「少子化対策」に二分化されるのではなく、「年金・医療・育児・介護」の四つ葉のクローバーによって再構築されなければならないでしょう。それこそが、人間の一生を通じた福祉・安寧を保障[3]することになり、また、真の意味の全世代型社会保障を形作ることになるのではないかと思っています。

　こうした基盤の上に、地域包括的・継続的支援体制[4]の構築を図り、子ども・子育てをめぐる生活課題に対して、私的養育から公的養育までの支援制度をくまなく用意し、それが好循環していくシステムづくりが必要とされると思います。それが、社会的養育[5]の体系を形づくるといえるでしょう。専門職の在り方や援助方法論もこうした視点から再構築されていくべきであり、それが私のめざす子ども家庭福祉供給体制といえます。

2 政策に関わりながらの研究

(1) 日本子ども家庭総合研究所子ども家庭福祉政策研究担当部長として

　私の研究のライフワークは、子ども家庭福祉供給体制の在り方検討です。児童相談所で子どもの福祉問題のほぼ全領域を担当し、厚生省でも企画課において幅広い分野を統括していたので、子ども家庭福祉行政供給体制を研究テーマにすることとしました。そして、当初は、分野としては子ども家庭福祉相談を中心分野とし、『子ども家庭福祉相談を分野として、子ども家庭福祉供給体制の研究を進める』ということを自分なりに決めました。

　1999（平成9）年度から、日本総合愛育研究所から日本子ども家庭総合研究所にバージョンアップされた研究所の研究部長（子ども家庭福祉政策研究担当部長、非常勤）として勤務することとなり、これが、私の本格的な研究生活に大きな影響を与えることとなりました。子ども家庭福祉行政に役立つ研究テーマを定めて、3年間継続のチーム研究の主査を担当することになったのです。そこで、私は、子ども家庭相談体制研究を開始することとしました。研究者に集まっていただいて共同研究を行い、メンバーとともに研究の研鑽を積む機会に恵まれたのです。1997（平成9）年度以降、私が主査として行ったチーム研究や科研費研究等は表1のとおりです。

(2) 政策立案に関わりつつの研究

　表1に示した日本子ども家庭総合研究所におけるチーム研究の経緯が示すとおり、私の研究テーマは、ほぼ一貫して子ども家庭福祉供給体制のあり方研究、特に、行政実施体制のあり方と専門職論に焦点を当てたものでした。そして、そのテーマは、一方で、政策立案にかかわりながらの研究でもありました。声をかけていただいた分野は必ずしも厚生省（当時）勤務時代に中心的な業務ばかりではなかったのですが、私の関心を広げる意味でもできるかぎり参加するようにしました。声掛けしてくださった方々は、国の審議会等に関わっている学者や厚生省時代に仕事を共にした主としてキャリア官僚でした。

表 1　日本子ども家庭総合研究所チーム研究（主任研究者）等の推移

1997（平成 9）年度	・子ども家庭サービスの供給システムのあり方に関する研究（1）
1998（平成 10）年度	・子ども家庭サービスの供給システムのあり方に関する研究（2） ・厚生科学研究（子ども家庭総合研究事業）「被虐待児童の処遇及び対応に関する総合的研究」［厚生省］（分担研究者）　科学研究費補助金　研究分担者
1999（平成 11）年度	・子ども家庭サービスの供給システムのあり方に関する研究（3） ・厚生科学研究（子ども家庭総合研究事業）「被虐待児童の処遇及び対応に関する総合的研究」［厚生省］（分担研究者）　科学研究費補助金　研究分担者
2000（平成 12）年度	・子ども家庭相談体制のあり方に関する研究（1） ・厚生科学研究（子ども家庭総合研究事業）「被虐待児童の処遇及び対応に関する総合的研究」［厚生省］（分担研究者）科学研究費補助金　研究分担者
2001（平成 13）年度	・子ども家庭相談体制のあり方に関する研究（2） ・こども未来財団・子育て支援ネットワークに関する調査研究事業［こども未来財団］（委託研究：研究代表）研究代表者
2002（平成 14）年度	・子ども家庭相談体制のあり方に関する研究（3）
2003（平成 15）年度	・子ども家庭福祉サービス供給体制の再構築に関する研究（1）
2004（平成 16）年度	・子ども家庭福祉サービス供給体制の再構築に関する研究（2） ・厚生労働科学研究（子ども家庭総合研究事業）「子ども家庭福祉サービスの供給体制のあり方に関する総合的研究（1））」［厚生労働省］（主任研究者）科学研究費補助金　研究代表者
2005（平成 17）年度	・子ども家庭福祉サービス供給体制の再構築に関する研究（3） ・厚生労働科学研究（子ども家庭総合研究事業）「子ども家庭福祉サービスの供給体制のあり方に関する総合的研究（2）」［厚生労働省］（主任研究者）科学研究費補助金　研究協力者
2006（平成 18）年度	・子ども家庭福祉行政機関の機構改革と運営に関する研究（1）
2007（平成 19）年度	・子ども家庭福祉行政機関の機構改革と運営に関する研究（2）
2008（平成 20）年度	・子ども家庭福祉行政機関の機構改革と運営に関する研究（3） ・こども未来財団・児童関連サービス等調査研究事業委託研究「保育指導技術の体系化に関する研究」［こども未来財団］（主任研究者）　外部資金による研究　研究代表者
2009（平成 21）年度	・子ども家庭福祉分野におけるソーシャルワークとケアワークの体系化に関する研究（1）
2010（平成 22）年度	・子ども家庭福祉分野におけるソーシャルワークとケアワークの体系化に関する研究（2）
2011（平成 23）年度	・子ども家庭福祉分野におけるソーシャルワークとケアワークの体系化に関する研究（3）
2012（平成 24）年度	・子ども家庭福祉サービス供給体制のあり方に関する研究

私にとって、国の審議会や検討会に参加することは、自らの研究を深めていくうえでのフィールドのようなものでした。審議会に関わりつつ考察を深め、それを、調査研究を主とした研究のなかで考察として取り入れていくことを続けました。それが、私の研究スタイルだったと思っています。本書では、審議会等を通した私の政策立案への参画と、そのことを通して感じたことを、分野ごとに綴っていきたいと思います。

3　平成期の子ども家庭福祉概観

(1) 保育・子育て支援施策

　2019（平成31）年4月1日、次の元号が「令和」と決まり、平成期は4月末で終わりを告げました。平成期は、子ども家庭福祉にとってどのような時代だったのでしょうか。また、令和の時代に何を引き継いで行くべきなのでしょうか。まずは、就学前の保育・子育て支援を念頭に整理してみたいと思います。

　戦後に始まった児童福祉は、「子どもは歴史の希望である」というミッションのもとに児童福祉法（昭和23年度）が施行されるなど、昭和期にその基礎固めが進められました。ただ、昭和末期には福祉見直し論議が始まり、少子化も進んでいきます。

　昭和末期から平成初期には、これまでの児童福祉に代わって子ども家庭福祉という用語が用いられるようになり、子どもの福祉のために子どもが生活する基盤である家庭を支援することも重視されるようになっていきました。平成期に入り、元年の合計特殊出生率が戦後最低を記録したことが1.57ショックとして衆目を集め、少子化対策が開始されます。

　1994（平成6）年に最初の国家計画であるエンゼルプランが策定されるとともに、子育ての孤立化に対応するため、保育所地域子育て支援モデル事業（1993〔平成5〕年度）、主任児童委員制度、ファミリーサポートセンター事業（いずれも1994〔平成6〕年度）などの子育て支援事業が開始されました。サービスの種類は増えていきましたが、まだまだ数は足りない状況にありました。

また、エンゼルプラン開始直後から、それまで出生数の減少に呼応して減少していた保育所利用希望が増え始め、それ以後、待機児童問題が深刻化していきます。財源不足から主として規制緩和による待機児童解消をめざしたため、保育は混迷していくこととなりました。

　一方、1990（平成2）年度には1,101件だった子ども虐待件数は少しずつ増え始め、1994（平成6）年の子どもの権利条約締結を経て関心が高まっていきました。2000（平成12）年度に児童虐待防止法が施行される前後から子ども虐待件数は急激に伸び、臨検・捜索制度（2008〔平成20〕年度）や親権の一時停止制度（2012〔平成24〕年度）の創設など、家庭に対する公権介入の強化が進められてきました。

　こうした待機児童、育児の孤立化、子ども虐待の3点セット解決のため、2015（平成27）年度から介護保険制度を模した子ども・子育て支援制度が開始され、消費税財源が追加投入されていくこととなりました。その結果、特に3歳未満児の保育サービス利用が飛躍的に顕在化し、保育サービス不足、保育士不足などの問題を生み出していくこととなりました。現在は、その解決を図る途上といえるでしょう。また、全世代型社会保障を図る一環として、いわゆる幼児教育の無償化も令和期にまたがって進められています。保育サービスは、混乱を伴いながらも、進展していっています。

　一方、前述したとおり、子ども虐待に対する介入性をさらに強化する施策も進められており、総じていえば、子育て家庭に対する「支援」と「介入」の強化、これが平成期子育て支援の中心的なテーマだったといえるでしょう。そして、これらの施策が市町村と都道府県という異なる地方公共団体によって担われ続けたことが、その副作用としての「支援と介入の切れ目」を生み、そのはざまで子どもの虐待死を生み続ける一因にもなっているのです。

(2) それ以外の子ども家庭福祉施策の推移と今後の方向

　学童期の支援である放課後児童クラブは昭和30年代後半から保護者の運動から地域の実情に応じて開始され、それを政策が後追いしていく形で進められてきました。1976（昭和51）年度から、留守家庭児童対策や健全育成対

策として国庫補助が開始され、1998（平成 10）年度に放課後児童健全育成事業として法定化されました。そして、2015（平成 27）年度から、子ども・子育て支援制度創設を契機に、対象拡大と基準の策定、放課後児童支援員の資格化、職員の処遇改善のための方策等が実施されて今日に至っています。登録できない児童も増えており、基準の緩和なども議論されています。

　さらに、社会的養護については年々充実が図られてきましたが、大きく動いたのは、平成後期に当たる 2011（平成 23）年に策定された「社会的養護の課題と将来像」においてでした。この時から社会的養護に消費税財源が追加配分されるようになり、この流れは 2016（平成 28）年の改正児童福祉法並びにその後の社会的養育ビジョンの作成に連なっていきました。社会的養護は、現在、家庭養護の推進をめざして大きな改革期を迎えているといえます。

　障害児支援の改革が始まったのは、2008（平成 20）年に障害児支援の見直しに関する検討会報告書が出された頃からでした。障害児通所支援の充実が図られ、その後の障害児支援の在り方に関する検討会報告書の提案を経て、2018（平成 30）年度末までにはすべての自治体で障害児福祉計画の策定が行われ、令和期にまたがる形で、障害児入所施設の在り方検討が進められています。ここでも、家庭的養護の推進が課題とされています。

　平成期の子ども・子育て支援を総括すれば、子ども家庭福祉の分野ごとに、それぞれの政策の充実強化が図られてきたということになるでしょう。一方で、そのことは、施策の強化とともに施策間の切れ目を浮き上がらせることともなりました。子ども家庭福祉の担当官庁は、平成期を通じて、内閣府、厚生労働省子ども家庭局、同障害保健福祉部の 3 つに分断される結果となり、その結果、「切れ目のない支援」が政策のキーワードとなり、強調されていくこととなりました。これが令和期に引き継がれていく大きな課題となったと思っています。

　それらに一石を投ずるとされる地域包括的支援や切れ目のない支援は、高齢者分野ではすでに取り組みが始まっていますが、子ども家庭福祉分野ではまだまだ始まったばかりです。この実現と、切れ目のない継続的で包括的な

支援の実現、そのための行政構造の一元化、公民協働、民間活動の活性化、人口減少社会への対応などが、平成期に続く令和期の最大のテーマとなるのではないでしょうか。私たちは、平成期の子ども家庭福祉の進展を受け継ぐとともに、それらの施策が生み出した新しい分断に挑戦していくことが求められているのではないかと思います。

［注］
1）子ども・子育て支援制度は内閣府が中心で所管、子どもの権利擁護や社会的養護は厚生労働省子ども家庭局、障害児支援は社会・援護局障害保健福祉部がそれぞれ所管している。
2）欧米先進国においては，被虐待児童を家庭から切り離すときや施設入所時に，親権の一時停止等司法が関与した対応がとられるのに対して，わが国の場合は司法の関与が限定的であることを指す。そういう意味では，2012（平成24）年度から創設された親権の一時停止制度等は，欧米のシステムに近づくものとして評価される。
3）筆者はこの視点を「人間福祉」と呼び、社会福祉制度再構築の基本視点として重要視している。また、四つ葉のクローバーの考え方については、柏女霊峰（2008）『子ども家庭福祉サービス供給体制──切れ目のない支援をめざして』中央法規、等を参照。
4）筆者は、子ども家庭福祉分野の「地域における包括的・継続的支援」を以下のように定義している。
　「子ども家庭福祉分野における地域包括的・継続的支援体制とは、市町村域ないしは市内のいくつかの区域を基盤として、子どもの成長段階や問題によって制度間の切れ目の多い子ども家庭福祉問題に、多機関・多職種連携により包括的で継続的な支援を行い、問題の解決をめざすシステムづくり並びにそのシステムに基づく支援の体系をいう。」（以下、「地域包括的・継続的支援」、出所：柏女霊峰（2017）『これからの子ども・子育て支援を考える──共生社会の創出をめざして』ミネルヴァ書房 p.15 を一部修正。
5）筆者による「社会的養育」定義は以下のとおりである。
　「社会的養育とは、私的養育を支援することから、家庭で養育できない程度に応じて子どもの養育を社会的、公的に代替する代替的養育までも含めて、社会全体で子どもを養育するシステムの体系をいう。それは、私的養育から代替養育までの連続的な支援の営みであり、かつ、代替養育から家族再統合や特別養子縁組等により、再び私的養育につながる循環的な営みでもある。」出所：柏女霊峰（2017）『これからの子ども・子育て支援を考える──共生社会の創出をめざして』ミネルヴァ書房 p.230

第 1 部

平成期の子ども家庭福祉（1）

厚生省時代（昭和 61 年〜平成 6 年）

第1章

厚生省勤務に至るまで

1 YMCA、興望館ボランティア時代

(1) 学生時代のボランティア活動

　私は学生時代（大学1年生）、運動をしに出かけた東京神田の YMCA で、幼児体育や小学生キャンプなどのボランティアに誘われました。ボランティアでさまざまな子どもたちと出会い、幼児体育や学童キャンプ活動に没頭し、「将来は子ども関係の道に進みたい」と強く思うようになりました。ここで子どもたちと出会ったことが、その後の道を決めていくことになり、私は1973（昭和48）年、教育学部教育心理学科（当時）に進学しました。

　教育心理学科進学とともに、私は YMCA を離れ、墨田区の社会福祉法人興望館の学童ボランティアとして、学童クラブやキャンプ活動に夢中になっていきました。ここでのボランティア仲間との体験、興望館が運営していた児童養護施設の沓掛学荘でのボランティア経験、子どもたちとの暮らし、そして、当時、興望館館長補佐だった藤野泉先生の薫陶を受けたことが、私を子ども家庭福祉の道に導いていくこととなりました。

　藤野泉先生は私にとって生涯の師となり、また、野原健治氏、鶴見昌子氏などの生涯の友人に出会えたことが、私の仕事人生を決定的なものにしていきました。この時代が、私の人生の中で、精神的に最も影響を受けた時期だったと思います。聖書研究会に通って聖書を定期的に学んだこともありました。いわば、私の子ども家庭福祉への道のりの原風景となる時代、精神の基礎固めが図られた時代でした。

大学を1年留年した私は、5年目に東京大谷専修学院という真宗大谷派教師養成所（夜学）に1年通い、本山での修練等を経て真宗大谷派教師資格を取得しました。このことも、自身の生き方を深く考えさせられましたし、児童相談所の臨床業務やライフワークとなる子ども家庭福祉供給体制のあり方研究にも影響を与えていくこととなりました。

　子どもと関わる仕事をめざし、結局、1976（昭和51）年4月、私は千葉県庁に奉職することとなりました。配属は、学生時代に障害幼児グループひまわり教室のアルバイトをし、かつ、卒業論文を執筆させていただいた千葉県市川児童相談所となりました。

(2) YMCA ボランティア時代のいくつかのエピソード

　YMCAボランティアでさまざまな子どもたちと出会い、その活動に没頭し、「将来は子ども関係の道に進みたい」と強く思うようになりました。そのYMCAボランティア時代に、決め手となったことは2つあります。

　1つは、大げさに言えば、先輩ボランティアの補助として100人の中の1人の子どもの声を聞いたことです。大学1年生でボランティアになったこともあり、幼児体育であれば、運動が得意な子ではなくて苦手な子、小学生キャンプであれば、みんながハイキングへ行くときに熱を出して行けない子の付き添いの時間が何回かあり、その子たちとの時間の共有が新鮮でした。そういう子どもたちと関わる機会が多く、そのときの子どもたちの辛さや寂しさをじっくり聞いていると、この子は「ああ、こういう思いなのだなあ」と、子どもの気持ちに触れた気分になりました。そして、多数派に入れない子どもの気持ちに寄り添うことに関心を持つようになったのです。

　もう1つの決め手は、キャンプリーダーとして子どもたちとゲームをしていたとき、私たち大人が提供したものより子どもたちが作り上げたもののほうがずっと面白いということに気づいたことです。そして、「こっちが本物だ」「大人の役目はすべてを与えることではなく、子どもたちのそばにいてフォローすることだ」と気づき、「そんなふうに子どもたちと関わりを持ちたい」という思いにつながりました。ここで子どもたちと出会ったことが、

その後の道を決めていくことになりました。

(3) 興望館ボランティア時代のいくつかのエピソード

　興望館ボランティアにおいて忘れることのできないいくつかの原風景が、今でも浮かんできます。夏期休暇の間、軽井沢にある沓掛学荘という児童養護施設に泊まりがけで子どもたちと生活をしていました。あるとき、入所のために子どもが親、関係者とともにやってきました。親は、職員と話があるので、その間、「柏女さん、子ども見ていてください」と頼まれました。子どもと手をつないで、近くを散歩などして過ごしました。もうその子はわかっていたのです。うなだれて、とぼとぼと歩いていました。そして、子どもは施設に置いていかれ、親は帰っていきます。そんな子どもの姿が眼から離れず、やるせない思いでいっぱいになりました。

　また、お盆のとき、家に帰れる子どもは帰るのですが、帰れない子どももいます。私は帰れない子たちの部屋で、妖精の話をして一緒に寝ていました。しばらくして、ある子の泣き声が聞こえてきました。そばによると、「どうして自分の親は迎えに来ないのだ」と。これも、胸がいっぱいになりました。自分は親と離れて暮らすという生活をしてきませんでしたから、「どうしてこういう子どもがいなきゃいけないのだろう」と思って心がつぶれそうでした。そんな原風景が、自分を子ども家庭福祉の道に歩ませたのだと思います。

　学童キャンプやこの施設での生活や思いについては、キャンプ後の感想文集や東大教育学部生活つづり方文集などに残されています。また、後日、全国養護施設協議会50周年記念誌に「子どもの権利とあたりまえの生活」という題で掲載しています。今でも、学生たちに、「疑問や怒りを持つこと、それが学ぶ原動力になる」と話しています。

　キャンプやボランティアに夢中になり大学に5年在籍した私は、5年目に、これまでの聖書研究会で学んだ経験を超えて、自分が生まれた寺の教えである浄土の真宗について学ぶべく、夜間1年間の各種学校・東京大谷専修学院に通うこととなりました。この経験も、自分の生き方を決めるうえで大きな出来事でした。信仰について真剣に考えた日々でした。

学生時代、学生運動の間近にいたことも、「疑問」や「怒り」の大切さ、さらには、知ってしまった者の役割などを、挫折とともに私に知らせてくれました。このように、多感な学生時代をいろいろな経験をしながら過ごせたことは、とてもよかったと思っています。

　私が、千葉県市川児童相談所に勤務することとなった経緯は以下のとおりです。興望館の藤野泉先生の知り合いを通じて、厚生省児童家庭局企画課の下平幸男児童福祉専門官をご紹介いただき、千葉県市川児童相談所で、障害幼児の通所グループであるひまわり教室に週1回勤務することとなりました。そして、翌年度に心理職の増員を要望しているからと、千葉県職員試験（心理職試験）の受験に誘われ、それを受けて幸い合格しました。1976（昭和51）年4月に千葉県市川児童相談所心理判定員の辞令が出、私の職業人生が始まることとなりました。

2　児童相談所での生活

　児童相談所時代は、学生時代と違って多くの勉強をした時代でした。来談者と向き合い、自分の無力さをいやというほど実感させられたことが最大の動機となりました。多くの先輩・上司に薫陶を受け、保護者や子どもからも学ぶことの多かった時期でした。ただ、児童相談所勤務は人のいのちを預かり、福祉を担う気の抜けない仕事であり体調を壊すこともありました。31歳のときから上智社会福祉専門学校にて「児童相談」と「セラピー」の非常勤講師もすることとなり、かなり勉強もして準備を行いました。現在の私の基礎を形成した時期と言ってよいでしょう。

　児童相談所では心理判定員として勤務していましたが、児童心理の診断・心理治療だけでなく、障害のある子どもを持った親たちの「親の会」づくりを支援したり、地域療育グループの創設・支援を行ったりしたこと、その他、不登校や非行の子どもたちを対象に治療キャンプを実施したりと、ソーシャルワーク的な活動も行うことが多く、とてもやりがいがありました。途中、自ら内観療法（集中内観）を受けたり、カウンセリングにも1年ほど通った

りして自己理解を進めました。

3 児童相談所時代のいくつかのエピソード

(1) イニシャル・ケース

　確か6月頃だったと思いますが、船橋保健所三歳児健診に出かけることとなりました。これは初めて一人ですべてをこなす業務だったため、かなり緊張しました。一般健診から言葉の遅れで私に回されてきたケースをほぼ30分刻みで担当しましたが、インテーク（援助を求めて相談機関を訪れた者に，ソーシャル - ワーカーなどが行う面接）や簡単な発達検査をしても判断がつかず、ときには、中座して児童相談所の漆原課長に電話でスーパービジョンをいただきました。その最初の親子との関わりが、私にとってのイニシャル・ケースと言っていいでしょう。もちろん、名前もしっかりと覚えています。その親子に対しては、児童相談所で田中ビネー知能検査やことばのテスト絵本などを実施し、その後、医師の診察ののち言語発達遅滞として助言を行い、フォローアップしていくこととなりました。1年ほどでキャッチアップし、終了となりました。

(2) 1歳半健診精密検診のシステムづくり、市川市保健センターとの協働

　1978（昭和53）年度から1歳6か月児健康診査が始まりました。その前後から市川市で一次スクリーニングのための健診アンケートの作成とそのフォローアップのための実践的勉強会が定期的に開催されることとなり、市川市の保健師たちと知り合いになりました。とても優秀な保健師が多く、たくさんのことを学びました。健診業務そのものもとても勉強になりました。そこで発見された、言葉や情緒的発達に遅れやゆがみのある幼児の行き場がないため、児童相談所で数か月に一度のフォローアップを余儀なくされていました。つまり、早期発見・早期放置とも言われかねない事態になっていたわけです。その間の親たちの孤立も心配でした。

　こうした事態に先駆けて次項の地域療育グループを立ち上げていたため、

そこが受け皿の一つになりました。しかし、とても十分な体制とは言えず、障害児保育の開拓にも力を入れました。市川市の保健師たちとは、その後も地域保健の視点などいろいろと刺激を受けてきました。よい関係が築けたと思っています。

(3) 地域療育グループの提案と実現、研究報告（1978、1981）

　障害幼児の療育の場が圧倒的に不足していたことを受け、早期発見・早期放置をできる限り避けるため、私が企画担当となり、地域療育グループを各地につくる提案をしました。1977（昭和52）年3月に船橋地区療育グループ、1977（昭和52）年6月に市川地区療育グループが誕生しました。私は両グループの育成を担当し、毎週火曜日 13:30 ～ 15:00 は船橋地区、毎週木曜日同時刻は市川地区に出かけ、保護者や船橋市家庭児童相談室職員、市川市厚生課職員と子どもたちのグループ指導と保護者グループ支援に携わりました。そして、その結果を報告書「保護者を中心とする地域療育グループの試み」千葉県市川児童相談所（1978）『市川児童相談所30年のあゆみ記念号』にまとめました。また、それらを引き継ぎ、「障害を持つ幼児の地域療育に関する研究Ⅲ」千葉県児童相談所（1981）『児童相談所研究集』にもまとめました。これらは、やがて、いずれもマザーズホーム（心身障害児通所支援事業）等として、公の下で展開されていくこととなりました。

　この経験のなかで、発達に遅れを持つ保護者の方々と深く話をすることができました。お母さんたちが、仕事を続けたかったことも知りました。また、お母さんたちに親の会づくりを持ちかけて規約作りのお手伝いをしたり、市町に療育の場づくりを要望するための要望書づくりを手伝ったりもしました。いわばソーシャルワーカーとしての役割を果たしていたと思います。そんなことからソーシャルワークやコミュニティ心理学にも関心が出始め、その学びの一部については、月1回開催されていた千葉県心理判定員研究会で発表しました。

(4) 障害幼児の認知機能訓練、ひまわり教室の実践

　発達障害児認知機能訓練は、1979（昭和54）年度から開始された事業で、以前から行われていたひまわり教室を発展的に引き継いだものでした。幼稚園、保育所等で不適応状態にある発達障害幼児の認知機能訓練を実施して所属集団への適応を助け、発達を促進させる試みとして始められました。方法としては、心理神経学的学習能力障害理論の立場から個別課題学習及び運動機能訓練、意味理解、集団参加能力を高める集団課題訓練を中心として、週1回、1時間30分で、期間は1年ごとのクローズド・グループで実施したものです。その中身については日本応用心理学会で発表し、また、1984年9月発刊の日本応用心理学会誌『応用心理学研究』第9号「児童相談所の臨床活動」で詳細に報告しています。

　また、この教室活動を通じて、お母さん方のいろいろな気持ちを聞くことができたことも有意義で、たくさんのことを学びました。支援者には母親であるセラピストや人生経験豊富な女性の支援者がいたため、そういう人たちに母親たちは、さまざまな相談を持ちかけていました。その対応にも学びました。また、私に縁談を持ちかけるお母さんもいました。残念ながらすでに結婚していましたが……。

　ひまわり教室参加者を含む障害幼児の療育キャンプでは、子どもはボランティアに任せて明け方までお母さん方と飲み、話し、お母さん方の生活の本音を聞くことができました。「もっと仕事がしたかった」「ママさんバレーを続けたかった」「どうして私が最初に相談したとき、手当が出ることを教えてくれなかったの」などなど、耳が痛い、また、心にいつまでも残る話を笑いと涙のなかでお話してくれました。キャンプが終わった後は、ひまわり教室で「今日は先生たち抜きで話がしたい」といった話も出て、親たちの絆の深まりを実感したときもありました。

(5) 障害児保育の開発、障害幼児指導者研修会

　1974（昭和49）年度から、障害児保育を行う保育所に、特別児童扶養手当の支給対象児童4人に対し保育士を1人配置する、障害児保育制度が開始さ

れていました。しかし、そのノウハウが十分でなく、また、児童相談所で支援している障害幼児が幼稚園や保育所通所を希望してもなかなか受け入れる園がなく、呻吟していました。

いくつかの保育所（いずれもキリスト教系の私立保育園）が「どの子も神様の子どもです」（さかえ保育園長）とのことで受け入れてくださいました。しかし、その療育について保育所のノウハウは私たちと同様に乏しく、ときどき午前中は保育を参観し、午後は保育士たちのカンファレンスを行っていました。私たちも手探りでした。

そうしたなかで、障害幼児指導者研修会開催の要望が上がり、市川児童相談所が企画して、研修会を毎年実施することとなりました。その企画を立てるのが私の担当となり、講師として児童相談所職員、嘱託医のほか、仁科所長の伝手でご縁のあった網野武博先生、そのほかご紹介の講師陣に恵まれました。よく本八幡駅に講師を迎えに行き、ご案内しました。こうした経験が、厚生省で各種研修企画を行う際の役に立ちました。

(6) 不登校児童の一時保護所合宿指導、野外治療キャンプ

私が児童相談所に奉職した 1976（昭和 51）年頃から、不登校相談が増え始めました。学校嫌いが理由で学校を年間 50 日以上休んだ中学生は、1976（昭和 51）年から 2000（平成 12）年の四半世紀で 12 倍となっています。急激な伸びです。ちなみに、出生数が下がり始めたのは 1974（昭和 49）年以降であり、ちょうど同じ頃に出生数が減り始め、不登校が増加しています。この時期はいわゆるオイルショックを経て日本が安定成長期に入るときであり、社会の動向や価値観の変化とこうした傾向の始まりは、決して無縁ではないと考えています。

不登校相談が増え始め、市川児童相談所では一時保護所を活用して集団での短期宿泊指導事業を始めたり、不登校児童のキャンプ指導を開始したりしていました。1979（昭和 54）年には東洋大学の田村健二教授の研究班との共同研究で、「臨床相談の効果測定―その 1―児童相談機関における登校拒否児の処遇と効果測定」（『日本総合愛育研究所紀要』第 16 集別冊・臨床相談

技術共同開発事業報告）と題する研究報告を取りまとめています。この報告では、市川児童相談所の実践を取りまとめています。

　市川児童相談所では不登校児童に対して通所や家庭訪問指導のほか、1977（昭和52）年度に約3週間の一時保護所合宿指導を2回、1978（昭和53）年度からは野外治療キャンプ（3泊ないし4泊）を実施していました。報告書では、1978、1979年度の治療キャンプとその予後についてまとめています。

　また、1882（昭和57）年度は内浦山県民の森に野外治療キャンプに行き、その報告も取りまとめています。これは、「臨床相談の効果測定—その2—児童相談機関における登校拒否児の処遇と効果測定」（『日本総合愛育研究所紀要』第18集）に取りまとめています。このときの想い出は忘れがたいものがあります。ヒルに血を吸われながら、山道を歩き続け、子どもたちも大変でしたが私たちも懸命でした。

　キャンプを通じて集団の凝集性が高まり、その後の児童相談所でのデイケアの進展に大きな影響を与えました。子どもたちのグループカウンセリングでは、子どもたちの互いの感じあいが空気として伝わり、現象学的理解とはこのようなことをいうのかと、その後の臨床体験にも大きな影響がありました。不登校相談への対応は、児童相談所10年の生活のなかで中心的な業務であり、デイケアや個人カウンセリング、心理療法などを通じていろいろ印象的な子どもたちに出遭いました。

(7) 家庭内暴力の保護者集団指導

　不登校とともに増えてきたのが家庭内暴力相談です。これに対応するため、1981（昭和56）年度から家庭内暴力児童の保護者集団指導を開始しました。児童が治療の場に登場することは稀なため、同じ問題を抱える親たちの集団の場を設け、その集団を治療的な場としてメンバーの相互作用のなかで集団が果たす教育的効果に期待すると同時に、多忙な業務の効率化を図ることも目指しました。毎月第1、第3金曜日13:30〜15:30の2時間実施で、児童福祉司、心理判定員、精神科医師等が担当し、進行は心理判定員（同僚鈴木氏が中心で柏女も一部参画）並びに元校長の南波先生（元教育者とは思えない

受容的な方でした）が行いました。これは鈴木省司氏が中心となってまとめており、彼の力が大きかったと思います。

（8）校内暴力ケースへの対応、浦安市教育委員会との共催キャンプ、内観療法など

　1980年代（昭和50年代半ば）からは、校内暴力が顕在化してきました。特に、市川児童相談所の管轄区域である浦安市における校内暴力がかなりひどいものでした。浦安市の漁業従事者は、千葉県における開発政策のため、1971（昭和46）年には漁業権を全面放棄しました。そのため、元漁師たちは多額の保障を得、しかし、新しい仕事に就くことはなかなかできず、一言でいえば荒れた生活を送ることとなりました。

　子どもたちはその影響を受け、また、新住民との成績、運動等における力の差を見せつけられることや、新旧住民の仲たがいもあって、地域とともに学校も荒れた状態となりました。それが影響して、一部の学校で校内暴力が多発しました。

　児童福祉司が旧網元を訪ねて仲介を依頼したり、いろいろと地域に働きかけをしたりしましたが結局うまくいきませんでした。私たちは補導され通告された子どもたちに対し、浦安市教育委員会と協働して野外指導キャンプを実施して、子どもたちの心をつかんでその後の支援に生かそうとしました。内浦山県民の森でのキャンプは教育委員会や指導主事、担任との考え方の違いを大きく感じたキャンプでした。話し合いも重ねましたが、結局さしたる成果は得られず、キャンプ終了後は、中学生の子どもたち一人ひとりを順に一時保護し、判定のうえ教護院に措置するだけに終わりました。中学生を動かしていたのは高校生や無職少年で、彼らには何の対応もできず、結局、彼らに引きずられていた中学生たちを施設に入れるだけに終わってしまいました。とても、無力感を感じたことを覚えています。

　野外指導キャンプでは、自身が内観道場で体験した内観療法の簡易版を子どもたちに実施しましたが、確たる成果は得られませんでした。これも、自分の無力を実感した瞬間でした。

(9) 小学生非行と微細脳機能障害（MBD）に関する学会発表、印象に残る事例など

　当時は、小学生の非行の相談も比較的多くありました。そのなかには、今でいう注意欠陥・多動性障害や学習障害、アスペルガー障害の子どもたちも結構存在し、そうした子どもたちに対して、医療とプレイセラピー（「遊戯療法」とも言われ、子ども対象とした心理療法の一つ）を併用して支援に当たりました。その一部については、学会でも報告しました。

　その他、印象に残る事例については、厚生省に行ってから執筆の機会があるたびに、一部修正しながら事例報告を行ってきました。具体的には、エリート校に通学しながら挫折経験から不登校、家庭内暴力に陥った高校生男子、小学校低・中学年の場面緘黙の女児及び男児、校内暴力の中学生女児、小学校低学年男児の不登校を気にして心乱れる二号の女性、うつ状態の父子家庭のもとで非行が止まらない小学校高学年男児などがすぐに浮かんできます。私は箱庭療法が好きでしたので、箱庭作品はたくさんスライドに撮っています。専門学校の授業などで使いましたが、今では宝の持ち腐れです。それでも、作品群からみた子どもたちの内的世界の興味深さは、今でも忘れることはありません。

(10) 厚生省勤務へ

　千葉県市川児童相談所に在籍して9年後に千葉県柏児童相談所に異動して10か月が過ぎた1986（昭和61）年2月、私は児童相談所長に突然呼び出されました。所長室に入ると、「厚生省に行く話が来ている」とのことでした。寝耳に水のことでびっくりして話を聞くと、専門官的な立場でスタッフ職として厚生省児童家庭局に勤務するというものでした。所属は企画課か保育課とのことでした。

　3月初旬に再度呼び出され、厚生省に出向することが確定しました。私は出向してまた戻るのかも、と考えていましたが、実際は戻ることのない片道切符でした。私は10年間の児童相談所勤務に終止符を打って、厚生省に行くこととなりました。児童相談所における福祉心理臨床を全うしたいと考え

ていた自分にとって思いもかけないことでしたが、厚生省における政策立案の仕事は魅力的でもありました。大勢の仲間や臨床業務から離れることは淋しいことではありましたが、思い切っていくこととしました。

　厚生省では児童家庭局（現厚生労働省子ども家庭局）企画課に主査として入り、政策立案等に携わりました。児童相談所の現場しか知らない私にとって、仕事の仕方も中身もまったく違う厚生省の勤務は厳しかったです。「こんなはずじゃなかった」という思いが常にありましたが、2年もたつと慣れていきました。

4　学生時代のボランティア経験、児童相談所時代を通じて得られたこと

　以上の学生ボランティア時代、児童相談所時代を通じて私が得てきたことは数限りなくありますが、そのなかから特にその後の厚生省での仕事に生きたものとしていくつか挙げるならば、以下のことが挙げられると思います。

　①100人のうちの一人の声をじっくり聴くことが大事、且つ、興味深いことと思わせてくれたこと。キャンプボランティアとして、風邪でハイキングに行けない子どもの看病を任された経験など（YMCA時代）。
　②自分が何かして子どもを喜ばせるより、子どもに寄り添っていれば、子どもから楽しい遊びを発見していくという体験をしたこと。子どもの関心を得ることがリーダーの役割ではなく、子どもたちが自分たちの世界、遊びを創っていくさまを応援していくことが根本と知ったこと（YMCA時代）。
　③児童養護施設での原風景（子どもの声）。放課後児童クラブ、児童館での子どもの生活支援体験。日課のある世界と日課のない世界を経験できたこと（興望館時代）。
　④心理職として働くと同時に、ソーシャルワーカーとして地域療育体制を創るなどの経験を通じ、ソーシャルワーカーとしての動きを身体で知ったこと（児童相談所時代）。

⑤ケースに関わるスタンスを通じ、また、自己理解を深めるカウンセリングを受けた体験や、内観療法体験等によって自己理解を深められたこと。特に、古沢平作氏による阿闍世（あじゃせ）コンプレックス（母親を愛するために母親を亡きものにしたいという欲望）を学び、その母から許されることを通じて心に生ずる懺悔心が救済に至るとする、いわゆる許され型の支援が、自分自身にあった心理学的支援の姿勢として感じ取ることができたこと（児童相談所時代）。

⑥殺人事例以外のすべてを約1,000事例以上経験することにより、どんな制度であっても、そこにいる子どもや親の生活や思いを想像できるようになったこと。

　これらは、厚生省で専門官として仕事をしていくうえで、大きな強みとなりました。一方で、制度の切る原理に慣れず、引きずり続けて決断ができにくくなるというデメリットにもつながったように思います。結局、学生時代並びに児童相談所時代の子どもたちに対する支援体験は、制度、政策立案にかかわる際の自分自身の立ち位置を固めるのに大きな役割を果たしたといえると思います。

第2章

厚生省時代の政策立案

昭和期から平成期の子ども家庭福祉

1　厚生省の組織と仕事

　1986（昭和61）年4月、厚生省にはⅡ種職員、「厚生技官」として入職し、児童家庭局企画課に「主査」として配属されました。当時の厚生省の組織にはいわゆるⅠ種試験合格のキャリアとⅡ種試験合格のノンキャリアと呼ばれる人たちがおり、キャリアは制度改革、企画や法改正等を担当していました。各課メンバーの1.5割がキャリア、8割がノンキャリア、専門官が0.5割という構成と言ってよいと思います。ノンキャリアはいわばロジ担当、実務担当と言ってよく、予算の積算や国庫補助事業の予算分配などを担当していました。専門官は各課に一人いるだけで、専門的・技術的事項を担当することになっており、位置づけはⅡ種ではありましたが、どちらにも属さないところがありました。

　当時の専門官として、企画課に保育課保育指導専門官併任の栃尾勲氏（児童福祉専門官）と私（企画課主査）、育成課に山本保氏（児童福祉専門官）、障害福祉課に中澤健氏（障害福祉専門官）、母子衛生課に大江栄養専門官がいました。いずれも個性的な方々で、魅力的な人材でした。当時は全ての専門官が局内にずっとおり、異動などはほとんどありませんでした。

2　専門官の業務

（1）専門官の業務

　私が千葉県児童相談所から当時の厚生省児童家庭局企画課に採用されたのは、1986（昭和61）年4月1日、33歳のときでした。1994（平成6年）年3月、41歳までの8年間勤務しました。採用当時の職名は「主査」で係長待遇でした。その後、1990（平成2）年に児童福祉専門官代理を経て、1991（平成3）年度から児童福祉専門官になりました。ラインではなくスタッフ職でした。表2は、私が厚生省を辞するときの所掌事務ですが、このなかの企画課の内容は、私が採用された当時とほとんど変わらないのではないかと思います。

　企画課の所管事務のうち、主として専門的技術的事項に関することを所掌することになっていました。また、児童相談所係が所掌する事務については、専門的事項の如何にかかわらず所掌することになっていました。企画課の児童福祉専門官は、保育課の保育指導専門官であった枥尾勲児童福祉専門官が併任しており、私はそのもとで当該業務を行うことになったわけです。児童環境づくり対策室の併任専門官になったのは、1991（平成3）年7月に、1.57ショックを契機に同対策室ができた頃だったように記憶しています。

（2）着任1年目の業務

　私は企画法令係の島に座り、統計係長の隣でした。統計係長は統計情報部からの異動で来ていたので、やはり一人職場でした。最初は、課内を飛び交っている省略語（たとえば「小慢」）小児慢性特定疾患など）がわからず、異世界に飛び込んだ気がしていました。千葉県では児童相談所しか経験がなく、そこでもいわゆる心理臨床業務（心理面接、心理査定、心理療法、心理学的地域援助など）に主として携わっていたのだから、無理のないこととは思いますが……。そんななか、キャリアもノンキャリアも表面上はまとまっていたので、私は身の置き所がない気持ちでいました。当時の仕事内容を所掌事務との関連で整理すれば、以下のとおりでした。

表2　厚生省の所掌事務

厚生省児童家庭局企画課児童福祉専門官の事務分掌
　　①児童福祉全般の企画に係る専門的事項に関すること
　　②課の所掌する事務のうち専門的技術指導に関すること
　　③児童相談所等行政機関に係る専門的技術指導に関すること
　　④児童問題研究所における研究業務等に関すること
　　⑤児童相談所及び児童福祉施設等の専門職員の養成訓練に関すること
　　⑥児童福祉国際協力関係に関すること
　　⑦その他児童相談所係の所掌に属すると判断される事務に関すること

企画課児童環境づくり対策室児童福祉専門官の事務分掌
　　①児童福祉施策の全般の調査検討及び企画に係る専門的事項に関すること
　　②対策室の所掌する事務のうち専門的技術指導に関すること
　　③厚生科学研究（児童環境づくり研究事業に限る）事業の調査・研究に関すること
　　④その他対策室の所掌に属すると判断される事務の専門的事項に関すること

　①特別養子縁組の制度化の検討がなされており、しばらくしてからその検討チームの一員として、特別養子縁組に対する児童相談所のあり方、特に、家庭裁判所からの調査嘱託とその回答のあり方などの関係整理等の企画立案に携わりました。養子縁組を所管する育成課と合同で進めることが多くありました。

　②企画法令係からさまざまな案件が降ってきました。しかし、「代理出産が子どもに与える影響についてまとめてほしい」といった課題など、私にはほとんど対応できなかった記憶があります。

　③これについては、「児童相談事例集」の監修がありました。

　④日本総合愛育研究所が広尾にあり、そこの研究業務を所管することとなりました。厚生省が求める子ども家庭に関する調査研究課題を提示し、その研究を進める研究員とともに、その進捗を見守り、かつ、モニターすることが主たる業務でした。

　⑤これは、かなりのルーティン業務がありました。児童相談所心理判定員研修、一時保護所員研修のほかスーパーバイザー研修、心理判定セミナー、社会福祉施設長資格認定講座、社会福祉主事資格認定講座など多彩でした。

これらを主催ないしは都道府県、全国社会福祉協議会と共催で進めていくことでした。特に主催のものは大変で、課に所属する非常勤職員である翻訳員の協力を仰ぎつつ、茶葉の用意なども含めてすべて一人でこなしていかねばなりません。講座についてはスクーリングの講師をするほか答案の採点なども行う必要があり、膨大な量となる主事資格の採点については、各県から派遣されていた研修生などに手伝っていただきました。

⑥これについては、ときどき加盟する国際団体からの書類に翻訳員とともに対応することが主な業務でした。主に翻訳員に依頼しました。研究に必要な文献や発展途上国の行政職員に講義するための原稿の翻訳などを行ってもらいました。

⑦この業務割合も多かった気がします。児童相談所係所管業務については、児童相談所係長と予算要求の打合せをしたり、予算要求事業の企画立案を進めたりしました。これについては、児童相談所勤務時代にいくつかの予算事業化ほかの検討事項を整理していたので、その実現を図ろうと努力しました。しかし、なかなかうまくいかず、当時の企画法令係長から「柏女さん、千三つだよ」（1,000のうち3つが実現すれば本望と思うべきとの意）と慰められることもありました。

そのほか、児童相談所の各種統計の整理と読み解き、全国会議の課長等の行政説明の原稿作成なども多くありました。また、全国児童相談所長会議関係業務では、厚生省主催の年1回の全国児童相談所長会議への参画のほか、そのあとに行われる全国児童相談所長会主催の研修会への参画、所長会運営のために開かれる年3回のブロック幹事会、年2回の政令指定都市児童相談所長会議には原則として参加し、その他各ブロックの所長会議には必要に応じて参加しました。おかげで全国各地を回ることができ、児童相談所もたくさん視察することができました。児童相談所業務概要を見ただけで、その管内がどのようなところなのかがわかるようになりました。

3 特別養子縁組制度創設 (1986-1988)

　厚生省に主査として勤務して最初の大きな仕事が、特別養子縁組制度創設のための子ども家庭福祉分野の役割検討でした。私は主として、児童相談所における調査嘱託への対応や家庭裁判所との連携のあり方の企画・立案を担当し、全国児童相談所長会などと協議を重ねました。仕事の進め方がわからず、日本総合愛育研究所の網野氏に助言を受けながら夢中でした。企画法令係のキャリアにも助けられました。

　1988 (昭和63) 年に特別養子縁組制度が施行されてからは、「里親等家庭養育の運営について」「里親等家庭養育運営要綱の実施について」の改正や「養子縁組あっせん事業の指導について」「特別養子制度における家庭裁判所との協力について」といった通知などの作成に関わりました。特に、1987 (昭和62) 年11月18日付児育第27号厚生省児童家庭局育成課長通知「特別養子制度における家庭裁判所との協力について」は、児童相談所と家庭裁判所との関係を示すものであり、児童相談所にとっても業務量が増えることになるため、全国児童相談所長会とはよく話し合いました。当時の会長は上出弘之氏で、先生にはこのご縁で、以降、ずいぶんと可愛がっていただきました。先生と全国児童相談所長会ブロック代表幹事会や政令指定都市児童相談所長会で全国をご一緒し、ホテルの先生の部屋で一緒に飲んだり、船の長旅でずっとご一緒したりして、その間にいろいろなことをご教示いただきました。今でも、心から感謝しています。

　検討中に問題になったのは、家庭裁判所が実際に調査を担当するのではなく、児童相談所に調査嘱託をしてその結果に基づいて判断するなど、家庭裁判所が前面に出ることをせず引き気味だったため、児童相談所が全てを担うことになるおそれがあり、調査嘱託に伴って何をどこまでするのかが結構厳しいやり取りだったと思います。法務省担当官と、やり取りを結構していたことを記憶しています。結局、通知の内容に書かれた4点に落ち着きましたが、日本の家庭裁判所は判断だけするのだなという印象を強く持ちました。このことは、子ども虐待の事例などで、欧米の判事が福祉機関とともに調査

のうえ判断することまで行うのとは大きく異なったシステムなのだなと思わされました。システムづくりに苦労した最初の経験でした。

1994（平成6）年に大学に出てからは特別養子縁組のあっせんのあり方について、児童相談所と民間あっせん機関の違いなどについて研究を進めました。その結果は、「特別養子縁組の運用実態と課題—事例研究及び実態・意見調査からの結果から—」と題して、日本児童育成学会の機関誌『児童育成研究』第15巻（1997）に掲載されています。

4　児童相談所運営指針の全面改訂（1989-1990）

（1）改訂の経緯

厚生省勤務で最も印象に残る仕事が、児童相談所運営指針の全面改訂とそれに関連する業務です。つまり、1990（平成2）年3月5日付児発第133号厚生省児童家庭局長通知「児童相談所運営指針について」という局長通知です。これは、『児童相談所運営指針』として、1990（平成2）年に日本児童福祉協会から出版されています。また、本通知作成の経緯は、「『児童相談所運営指針』備忘録」[1]としてまとめています。また、それを単著『児童福祉課改革と実施体制』（ミネルヴァ書房、1997年）の第13章に収載しています。

本通知の厚生省における主たる担当者は、当時、厚生省児童家庭局企画課主査であった私でした。本通知が作成される直接の契機は、1986（昭和61）年の「地方公共団体の執行機関が国の機関として行う事務の整理及び合理化に関する法律」（いわゆる「行革一括法」）の制定及び公布（1987〔昭和62〕年4月）でした。本法の施行により、児童福祉施設入所措置や在宅指導等の福祉の措置が機関委任事務から都道府県（政令指定都市を含む）、市、町村の事務に改められることとなったことが直接の契機でした。これにともない、児童相談所における主要業務である児童福祉施設入所措置等の団体事務化やそれに関連する政省令の改正を受け、児童相談所の運営に関し、新たな指針を作成する必要が生じたのです。

児童福祉施設入所措置が、機関委任事務から団体事務に変化したことは大

きなことでした。つまり、国が責任を持つ措置権（国親思想）から都道府県に固有の事務になったことで、国の責任をどう考えるのかということが大きなテーマでした。法令事務官は国の責任の果たし方は多様と割り切っていましたが、私はこれでいいのかと悩みました。

　団体事務化に伴って局長通知である児童相談所運営指針の性格も変わるわけですが、児童相談所における意思決定手続きをもっと明確に示しておかないと、各県における児童相談所運営の格差が広がるという懸念がありました。そうした観点から当時の児童相談所執務提要を読むとあまりにも論文調で、通知とは言えないような気もしました。ノンキャリアからもそのことは指摘されました。それで、児童相談所執務提要の全面改訂に至ることとなりました。

　企画課内部においても検討がなされ、現状の児童相談所執務提要についての評価がなされました。結果は、内容は論文調で、また、形式も通知にそぐわないことが指摘され、全面的に改正すべきとなりました。

　これにあわせて、全国児童相談所長会が 1986（昭和 61）年度に実施した「今後の児童相談所のあり方に関する調査」において、全国の児童相談所長を対象に児童相談所執務提要改訂に関する意見聴取が行われ、44% の児童相談所長から改訂についての具体的意見が述べられ、このことも改訂を促す契機となりました。この調査は全国児童相談所長会が行革一括法を受けて行ったもので、私もオブザーバーとして企画に参画していました。私は、この調査のなかに「児童相談所執務提要改訂についての是非」についての質問を入れ、現場の問題意識を促すこととしました。これは、論文「児童相談所備忘録」に書いているとおりです。調査票については、『児童福祉課改革と実施体制』（ミネルヴァ書房、1997 年）の第 13 章註（6）に収載しています（208 頁）。また、調査報告書は、全国児童相談所長会「全児相（別冊）『今後の児童相談所のあり方に関する調査』結果報告書」1988 年、として発刊されています。

　また、この間、児童相談所に新たな事業が付加され、その適正な運営を確保する必要があったこと、児童相談所に対していくつかの課題が提起されていたことも改訂を促すこととなりました。このように、今回の改訂は、いく

つかの要因が重なっており、そのことが、児童相談所運営の指針の全面改訂をもたらしたということができるでしょう。

　こうした背景のもと、1989（昭和63）年7月に12名の有識者、実務家等により構成された児童相談所執務提要編集協力委員会が設置され、検討が開始されることとなりました。委員会のメンバーとしては、私がこれまでお世話になった児童相談所関係者にも参加していただきました。編集協力委員会は、児童相談所執務提要の編集協力委員会に基づいて作りました。編集協力としたのは、これは通知なのであくまで策定主体は行政でなければならなかったからです。メンバーは、ほぼ私のこれまでのつながりや厚生省に移ってからのつながりで選定しました。メンバーは、1990（平成2）年日本児童福祉協会発行の「児童相談所運営指針」の256頁に掲載しています。人選については、元児童福祉専門官の下平幸男氏や日本総合愛育研究所の網野武博部長にも相談したと思います。

　また、この間、編集協力委員である下平幸男立正大学教授を主任研究者とする厚生行政科学研究「児童相談専門職員の執務分析と児童福祉サービスの向上に関する研究」を実施し、その研究結果も反映することとしました。下平氏は、私の前の児童福祉専門官でした。研究の内容は、編集協力委員会のワーキングチームのようなものだったように記憶しています。委員会では各メンバーにそれぞれの専門分野についてペーパーを書いていただき、それを通知本文と技術的事項に分けながら、検討を進めていきました。本文並びに技術的事項の執筆に当たっては、当時、ワープロ使用が厚生省内でも始まっていましたが私はまだ使用できず、また、法令に疎い私では執筆は困難な状況でした。

　編集協力委員会の開催や技術的事項の執筆依頼などについては、『児童福祉改革と実施体制』（ミネルヴァ書房、1997年）の第13章 p.187 に詳しく書いていますのでご参照ください。なお、技術的事項については、委員の方々にそれぞれの専門分野の知見を書いていただいたのですが、全体の体裁をあわせるのに大きな苦労がありました。

　見かねた当時企画課法令補佐であった河幹夫氏が、私に若手の優秀な企画

法令係員を付けてくれました。それが、今でも家族ぐるみで付き合いを続けている北川博一氏でした。彼は私から内容を聞き、それを当時の私からみたら素晴らしいスピードでワープロに打ち込み、文章化していきました。その際、「ワープロ変換して出てこない専門用語は使わないこと」と北川氏に言われ、苦労しました。たとえば、「家族力動」と打つと「力道」になります、力道山です。そうすると、その用語は使えなくなります。できるだけ日常用語または法令用語に変換することが必要とされ、これは、専門的事項を平易な言葉で表現するという訓練になりました。また、「公用文の書き方」という本には本当にお世話になりました。

　2人は、空いている時間をみつけては、別室にこもってこの作業に没頭しました。原案作成の段階で名称についても検討課題となり、児童相談所執務提要は、課題 2) とされていた「行政通知」としての体裁、内容を担保するため記述面でも全面改訂され、案の段階で「児童相談所運営指針」と改称されました。指針案は1989（平成元）年5月に都道府県及び全国児童相談所長会を通じて全国に示され、意見聴取が進められました。同時に指針案についての説明会も行われました。

　指針案に対しては、約半数の都道府県及び全国児童相談所長会、日本弁護士連合会、全日本自治団体労働組合等から意見、要望の提出がなされました。なかでも自治労との交渉が何度かもたれましたが、財源を伴うものなどは確約できず、昔からの仲間、先輩などと対面しつつつらい思いもしました。さらに、関係省庁との調整作業を通して指針案の改訂が進められました。児童相談所業務は子どものあらゆる問題に対する相談なので、関係する省庁は多くあり、また、省内の関係局、関係課も多く、調整は大変でした。

　指針案づくりを手伝ってくれた北川氏は、1990（平成2）年3月に市に赴任しました。本当は3年目に他市に赴任予定だったようですが、何かのトラブルで行けなくなり、若手キャリアの市への出向が始まったばかりだったので、それを続けたいと異例の人事で3年同じ局にいることとなったようです。北川氏が異動後は、また、一人でこの仕事に向き合うこととなりました。

　案の段階で1989（平成元）年11月20日に国際連合において採択された児

童の権利に関する条約の内容が、指針に反映されました。しかし、児童の権利に関する条約については、わが国関係法改正は行わないで解釈で済ませるというのが政府の基本方針でしたから、児童福祉法の理念等に影響が及ぶ「子どもの意見表明権の確保」などは十分に書き込むことができませんでした。こうして、1990（平成2）年3月に、本指針は児童家庭局長通知として発出されたのです。現在に至るまでその骨格は続き、児童相談所運営指針の基盤となっています。また、この指針作成以降、私が厚生省を辞してから何度となく改訂が行われていますが、その後の10年ほど、改訂には外部の検討会委員などとして、しばらく関わり続けました。その経緯についても、別の論文[3]にまとめています。

（2）改訂の内容

なお、児童相談所運営指針改訂の主たる内容は、以下のとおりです。

①措置事務と相談・判定等の業務を分離することは望ましくないとの趣旨から、児童相談における一連の活動を、「相談援助活動」としたこと。その概念を導入することで、連続性のある一貫した活動として規定したこと。このことにより、措置権を移譲しないことの論拠としました。

②児童の権利に関する条約の採択を受け、その視点を先取りしたこと。具体的には、相談援助活動展開に当たって児童の権利擁護や児童の最善の利益の尊重を図るべきこと、施設に措置した児童の処遇に関する定期的審査の必要性を規定したこと等が挙げられる。

③相談援助活動展開の視点としては、新たに「診断」の概念を導入し、「判定」概念の明確化を図ったこと、「チームアプローチと合議制」を原則とすべきこと、「処遇」概念を導入し、「処遇指針」の重要性を明確化したこと、児童問題の複雑化・多様化への対応として機関連携の重要性を明記したこと、児童の権利保障や保護者の利便への配慮を加筆していることなど。

④児童相談所の役割の拡充として、相談援助活動の総合的企画や家庭・地域に対する援助を新たに規定したこと。また、新規事業への対応として、

「家庭支援相談等事業」を加筆したこと。

　⑤これまでより行政通知としての性格を明確化し、都道府県・政令指定都市が独自の児童相談所運営指針を策定する場合には本指針をガイドラインとして参照し、特に、各県にまたがることに関しては、児童福祉の観点から整合性担保のために本指針によることを求めたこと。

　⑥参考資料を「相談援助の諸方法」と「関係書類の様式、設備・器具」に分け、それぞれについて、全面的に改訂したこと。

⑦末尾に参考資料として、児童相談所の運営に深く関係する諸通知の一覧を掲載したこと。

　つまり、1）児童相談所の運営の特徴を①診断主義、②チーム・アプローチと合議制の2点を根幹に据えて明確化したこと、2）児童相談所事務の団体事務化にともない、児童相談所運営の地域間格差が広がることのないよう、運営指針の行政通知としての位置付けをより明確化し、国としての考え方を改めて提示したこと、の2点が、本指針改訂の最大の特徴といえると思っています。

　また、私自身にとっても、厚生省職員として仲間の協力も得ながら、1986（昭和61）年4月に厚生省に着任して初めて、最初から最後までを通して一つの業務をこなすこととなったため、この作業は本当に勉強になりました。また、私が臨床家から行政マンに適応する大きな体験になったと思います。関係課に知り合いも増えました。しかし、北川氏が原案を作成してから異動し、その後は、意見や要望への対応なども課内や関係課の企画法令並びに予算担当者と協議して対応案を定め、関係課と交渉することをほぼ一人で進めることとなったため苦労も多く、精神的にきつかったことも覚えています。

5　「厚生省報告例記入要領及び審査要領（社会福祉関係）」の改訂（指針改定と同時期）

　児童相談所運営指針通知改正にあわせて、厚生省が児童相談所を通じて集

計する全国統計の様式も改訂されました。そのため、厚生省訓令である「厚生省報告例記入要領及び審査要領（社会福祉関係）」も改訂されました。全国の児童相談所を通じて「児童虐待件数」の集計が開始されたのもこの改訂からでした。ここでも、いくつか思い出深いことがありました。

　まず、改訂の経緯として、児童相談所執務提要改訂の目的の一つに、児童相談所の業務統計を、より現実業務を反映するものにすることもありました。児童相談所全国統計については、かねてから実態を十分反映していないといった批判があり、児童相談所関係会議等において議論がなされてきました。また、これに対応し、各都道府県・指定都市は独自に別の統計を用意してきていました。さらに、1982（昭和57）年度には改訂に関する調査研究[4]も実施されており、現行に対する改正案が提言されていたこともありました。

　厚生省報告例の改訂作業は、児童相談所運営指針（案）の策定と同時平行で進行しました。調査研究報告書における提言を基本とし、全国児童相談所長会等の意見を随時聴取しつつ改訂案づくりを進めました。原案を厚生省報告例の主管部局である厚生省大臣官房統計情報部（社会統計課）に持ち込んだのは、指針（案）に対する意見の提出が行われつつある時期の1989（昭和63）年9月末でした。その後、企画課と社会統計課との間で多くのやりとりが行われ、最終的に、1991（平成2）年度統計から施行することができました。

　改訂の目的、具体的内容及び留意事項等については、平成2年6月開催の全国児童相談所長会議における私の行政説明（「平成2年度　全国児童相談所長会議録」『全児相』通巻第50号　全国児童相談所長会　1990）において詳しく報告されていますが、その概要は以下のとおりです。

　まず、改訂の基本的考え方としては、「児童相談所の運営の指針となる児童相談所運営指針を1990（平成2）年度から新たに適用することに伴い、児童相談所の相談援助活動の実態をより正確に把握することを目的とする」ということになります。その基本的考え方は次のとおりでした。

　①児童や家庭における相談ニーズを、より実情を反映する形で把握すること。

　②児童相談所の相談援助業務の実態を、より実態に即応する形で把握する

こと。

　③従来との時系列比較を著しく損なうことのないようにすること。

（1）主たる改訂の概要及びその理由

①第73表（児童相談所経路別児童受付）

　運営指針に沿い、新しく経路を増やし、かつ、整理しました。福祉関係、教育関係、司法関係、警察関係、保健・医療関係等の各領域との連携状況を把握することを主たる目的としています。また、児童記録票を起こした電話相談を「再掲」として新設しました。ただし、実件数の計上である。児童相談所の相談実件数が近年増加しているのは、平成2年度全国児童相談所長会議においてこの説明を行ったことが契機となっています。

②第74表（児童相談所相談種類別児童受付）

　児童相談所統計にとって最も重要な表であり、児童相談所からの意見も最も多く、また、改訂に最も神経を使った表でした。まず、「視聴覚言語障害相談」を「視聴覚障害相談」と「言語発達障害等相談」に分割し、また、「長欠・不就学相談」を廃止し新たに「不登校相談」を新設しました。その他、若干の名称、定義の変更を行いました。これにより、近年の相談ニーズをより把握しやすくすることを目的としました。また、相談種別をいくつか大括りにして相談分類を新設しました。これによって、相談分類別で時系列比較ができるように考慮しました。

　さらに、「里親・保護受託者、養親に関する相談」を新設しました。里親希望や養親希望に関する相談については児童記録票を起こすことがなく、これまでの体系では計上できていなかったので、新たに項を設けて計上することとしました。

③第75表（児童相談所相談種類別処理）

　児童相談所の業務の実情をできる限り正確に反映させるため、この表も重要でした。基本的には、児童相談所運営指針による処遇の体系に準拠して改

訂しました。最も大きな変更は、従来の面接指導中の「面接指導１回」、「面接指導２回以上」は誤解を与えており、かつ、統計に混乱が生じていたので、定義をはっきりさせ、「助言指導」、「継続指導」、「他機関あっせん」に細分類したことです。その他、指針の体系に拠り、いくつかの手直しを行いました。

④第75の２表（児童相談所における指導）（旧）
　他の表において項目を増加させたため、どこかで項目を削減する必要が生じました。本表も重要な表でしたが、第75の５表における相談延件数の把握を確実に行うことで児童相談所の相談援助の業務実態を反映させることとし、本表は削除することとしました。事前の児童相談所関係者からの意見聴取において本表作成の煩雑さが指摘されていたことも、この決断を促すこととなりました。

⑤第75の３表（児童相談所における措置停止・措置中等の調査・診断・指導）
　児童相談所が措置機関の責任として、児童福祉施設等に児童を措置中に援助を行うことを示す重要な表です。従来、一度の面接や訪問において調査と指導の両方が行われた場合、その各々にそれぞれ計上することとされていましたが、調査、診断及び指導はそもそも分割が困難であり、同一ケースについて時間、場所を同じくしてこれらが併せて行われたときは、１件と計上することとしました。

⑥第75の４表（一時保護児童）
　一時保護児童の年長化の実態把握のため、年齢区分に「15歳以上」を新設しました。また、相談分類別の保護延日数の計上を新設しました。これにより、相談分類別の保護日数の違いを把握することをめざしました。委託一時保護についても若干の変更を行いました。

⑦第75の５表（児童相談所における調査・診断及び心理療法・カウンセリング等）
　児童相談所における相談援助活動の延件数の把握を主眼としました。運営

指針に沿い、それぞれの専門職員の業務をできる限り正確に反映できるように工夫しました。児童相談所の相談件数の把握は、基本的には実件数主義を採っています。すなわち、1件の相談について、例えば週1回の心理療法が1年間続けられても、当該年度の件数としては1件と計上することとなっています。これに対し、家庭児童相談室や児童委員の相談件数の計上は延件数主義でした。児童相談の複雑化に伴い、1件の相談に対し多くの手数が掛けられていると指摘されていましたが、その実情を把握するため第75の5表を改訂しました。

当初は相談分類別に延件数を把握できる表の作成をめざしましたが、統計情報部との協議において技術的に、及び項目数が多くなり過ぎるとのことで困難となり、あきらめざるを得ませんでした。障害関係施設入所措置事務の市町村移譲が論議されるなか、本表において相談分類別延件数の把握が可能になっていれば、さらに正確な相談種類別業務量把握が可能になっていたであろうと今になって悔やまれる点だと思います。

⑧第75の6表（児童相談所における養護相談の理由別処理件数）

この表の変更も近年注目を集めていました。唯一の変更は、理由の「家族環境」の中に細分類として「虐待」を新設したことです。当初、虐待については相談種別として新設する考えもありましたが、養護相談との分類が困難であること、時系列比較を困難化すること、障害児の虐待相談等が分類しにくいことなどから、養護相談の細分類として計上することとしました。相談種別については、そもそも次元の異なる項目が並列で分類されているためこのような問題は各所で生じていますが、時系列比較を尊重し、第74表に大きな変更は加えないこととしていました。なお、虐待の定義については、全国児童相談所長会が1988（昭和63）年度に行った「子どもの人権侵害例の調査及び子どもの人権擁護のための児童相談所の役割についての意見調査」における児童虐待の定義[5]をそのまま採用しました。

なお、改訂前の表と改訂後の表の比較については、1988（昭和63）年度及び1990（平成2）年度の「厚生省報告例記入要領及び審査要領（社会福祉関

係）」（厚生省大臣官房統計情報部）をそれぞれ参照してもらえばわかると思います。

　統計分類改訂で印象に残っていることが２つあります。一つは、第74表（児童相談所相談種類別児童受付）において「長欠・不就学相談」を「不登校相談」に変更し、その定義を「いわゆる登校（登園）拒否等学校教育法に基づく学校（幼稚園を含む）及び児童福祉法に基づく保育所に在籍中で、登校（園）できない、していない状態にある児童に関する相談。非行や精神疾患、養護問題が主である場合に等にはそれぞれのところに分類する」としたことです。

　当時は「登校拒否」と呼ばれていて、そのラベリング性が気になっていました。そこで、統計では「不登校」の用語を使用することとしました。これは、政府関係法令では、最も早かったのではないかと思います。のちに、文部省の「学校不適応対策調査研究協力者会議」1992（平成4）年3月の報告で「登校拒否はどの児童生徒にも起こりうる」という見方や政策の転換を迫り、「不登校」の呼び名も提案しました。それ以降、登校拒否は「不登校」と呼ばれることが多くなっていきました。その後、厚生省も不登校の用語を用いるべきだとの考えが文部省から提示されましたが、既に文部省が言い出す前から使っていると、この統計分類で説明したことがあります。

　二つ目が、何と言っても、第75の6表（児童相談所における養護相談の理由別処理件数）に「児童虐待」を入れることができたことです。理由の「家族環境」の中に細分類として「虐待」を新設したことです。養護相談にはいくつかの再分類があり、そのなかに「家族環境」がありました。また、別に「棄児・置去り」もありました。その「家族環境」のなかに「虐待」を細分類として入れることができたのです。

　これについては苦労しました。企画課内でも了解が得にくく、また、統計情報部においても現場の業務過多を理由に難色を示されました。前述したとおり、第75の2表（児童相談所における指導）の表を削除することによって認めてもらうことができました。

第1部　平成期の子ども家庭福祉（1）

6　児童の権利に関する条約の批准に向けての作業（1992頃〜）

　「児童の権利に関する条約」については、1994（平成6）年通常国会におい
て締結予定でした。締結のための政府としての基本スタンスは、「児童家庭
福祉行政については、児童福祉法等に基づき、各般の児童福祉施策を整備、
充実するとともに、その運営においても児童の人権に対する配慮を行って
おり、この条約の批准を行う上で特に問題となるものはないと考えている」
（当時の想定問答に関する柏女作成メモ）でした。

　ちなみに、この件に関して、厚生省のなかの議論はほとんどなかったよう
に思います。私が厚生省を辞してからも、子どもの主体的権利を児童福祉法
に規定するということは、話題には上っていなかったように思います。私は
当時の対応に違和感をもっていましたので、子ども総研での研究で児童福祉
法等一部改正試案作成のなかで、子どもの意見表明権などの明文化を試案と
して作成していました。法改正をしないままに条約を批准するという決定は、
早くからありました。おそらく国会でも、そのような答弁があったのではな
いかと思います。どのような調整があったのかは、今となっては私にはわか
りませんし、違和感をおぼえながらも、その方針に基づいて、国内法制との
整合性を創り上げることに腐心していたように記憶しています。

　この方針が大前提で、その枠内で外務省の勉強会に臨んでいました。外務
省の勉強会は確か1992（平成4）年度頃から集中的に開催されることとなり、
当時の浦和市（現さいたま市）から出向中の研修生が中心に出席していまし
た。外務省担当官が逐条的にその概要を説明し、厚生省や文部省など関係省
庁がそれらに関する国内法令の現状を説明し、違反や留保の必要がないか検
証していきました。たとえば、「子どもの意見表明権」については、児童の
保護措置等における子どもの意見表明権等が尊重されるようにすべきであり、
それについて説明をしていました。その内容については、柏女霊峰（1997）
「第2章　児童の権利条約と児童福祉法制」『児童福祉改革と実施体制』ミネ
ルヴァ書房 ,pp.22-23 をご参照ください。

　なお、以下は、私が1992（平成3）年の全国児童相談所長会議の行政説明

で子どもの権利条約に関して行った説明です。以下に引用します。

２）児童の権利保障のための適正手続きの確保
　「児童の権利に関する条約」については、今国会にその批准に関する件が提出されており、これから本格的に論議が行われようとしている。我々としては、この条約締約のために児童福祉法等の法令の改正を行う必要はないと考えているが、児童相談所においては、この条約が要請している児童の権利保障のための適正手続きの確保について是非適正な実施をお願いしたい。
　昨年もお伝えしているが、具体的には次の事項を挙げることができる。
　①条約第１２条では、児童に自己の意見を表明する権利を保障しているが、児童相談所運営指針において児童福祉施設への入所、一時保護等の際に児童、保護者の意向を十分尊重し、説明することとされているのでこの点を徹底していただきたい。
　②また、同指針では措置の解除、変更の際にも保護者と児童の意見が異なる可能性がある場合には児童に面接し、意見を聴取するなど十分調査することとされている。これは虐待が再発する場合などを念頭に置いたものであり、条約第19条などで親等からの虐待からの保護が求められていることとも合わせ、この点にも配慮願いたい。
　③条約第25条では、養護、保護、治療を目的として収容された児童の処遇等の状況について定期的な審査を行うこととされているが、都道府県による監査に加え、児童相談所運営指針においては、児童福祉施設の入所児童について原則年２回報告を徴し、必要に応じて調査等を行うこととされているので、この点についても十分ご配慮いただきたい。
　④条約第37条では、児童の自由の剥奪は法律に従って行うものとし、最後の解決手段として最も短い適当な期間とすることとされている。児童福祉上、施設において親権行使の範囲を超えて児童の行動自由の制限を行う場合には、家庭裁判所の許可を得なければならないが、

一時保護の際にも行動自由の制限ができることとされている。しかしながら、児童相談所運営指針では、例外的に短期間の緩やかな制限に限って行うとともに判定会議で慎重に検討することとされているので、適正な運営をお願いしたい。

このほか児童相談所の運営については、「児童相談所運営指針」に沿って行っていただくことが条約の要請を満たすと考えられるので、各県に置かれても、本指針に沿って独自の指針を作成する等その適正な運営に留意いただきたい。

このように1990（平成2）年に発出された児童相談所運営指針は、児童の権利条約批准に当たって、非常に有効な力を発揮しました。それもそのはずで、児童相談所運営指針発出の直前に、児童の権利に関する条約が求めていることで法令に規定されていない事項をかなりこの指針に書き込む作業を進めていたからです。それは、当時の企画課長の先見の明でした。

こうして、児童の権利に関する条約は、法改正をしないまま、いくつかの留保を付けたうえで締結に至りました。ただし、このような方法で締結に持ち込むことについての違和感はずっと持ち続けており、個人的には、本来なら法改正をするべきと考えていました。児童相談所運営指針はあくまで局長通知であり、現在の言い方でいえば「技術的助言」の位置づけで、地方行政を拘束するものではなかったからです。

その後、私は子ども総研の研究などで改正児童福祉法案の作成に携わり、児童福祉法の理念改正の原案も作成してきました。その中身は、以下の一連の研究をもとにしています。

1. 柏女霊峰・網野武博・山本真実・林茂男［1997］『児童福祉法の改正をめぐって――次なる改正に向けての試案』日本子ども家庭総合研究所
2. 柏女霊峰ほか［2003］「子ども家庭相談体制のあり方に関する総合的考察」『日本子ども家庭総合研究所紀要』第39集　日本子ども家庭総合研究所
3. 柏女霊峰ほか［2004］「次世代育成支援・子ども家庭福祉制度体系再構築

のための論点」『日本子ども家庭総合研究所紀要』第40集　日本子ども家庭総合研究所

4. 柏女霊峰 [2005]「児童家庭福祉制度再構築のための児童福祉法改正要綱試案（第一次版）」『淑徳大学社会学部紀要』第39号　淑徳大学社会学部

5. 柏女霊峰ほか [2005]「児童家庭福祉制度再構築のための児童福祉法改正要綱試案」『日本子ども家庭総合研究所紀要』第41集　日本子ども家庭総合研究所

6. 柏女霊峰ほか（2006）「児童家庭福祉制度再構築のための児童福祉法改正要綱試案（最終版）」『日本子ども家庭総合研究所紀要』第42集　日本子ども家庭総合研究所

　これらのなかで私は、「第一条冒頭で『全て児童は、児童の権利に関する条約の精神にのつとり、自己に影響を及ぼす全ての事項について自己の意見を表明する権利を有する』と、能動的権利を高らかに規定すべきではなかっただろうか。そのうえで、第二項で、その意見が尊重されるなどの受動的権利が規定されてもよかったのではないかと思われる』（柏女霊峰（2017）『これからの子ども・子育て支援を考える』ミネルヴァ書房 p.19）と主張し続けてきました。

　2016（平成28）年にようやく児童福祉法の理念が改正されましたが、その条文は、子どもの権利条約の「精神にのっとり」と表現して子どもの意見表明権なども包含させているものの、「～される」という記述が示すとおり、受動態の記述にとどまっている点を残念に思っています。もう一段、乗り越える必要があったと思います。

　なお、子どもの権利条約については、国内法制との整合性についての議論というより、途上国の子どもたちの支援のために日本は何ができるのか、という方向に力が注がれるようになっていたかと思います。その頃から民間児童福祉国際協力の議論が始まっていきました。児童家庭局には国際協力の下地がなく、また、経験の蓄積もありませんでした。なので、いわばゼロからのスタートでした。しかも、私は語学に弱く、大臣官房に国際課があるなかで原局が担うに

はあまりに重い課題でした。この頃から、民間レベルの児童福祉国際協力のために児童家庭局が企画すべきという議論があり、私はいやおうなくその力に押されていきました。私にとっては、しんどい時期が始まりました。

　ただ、ストリート・チルドレンの調査研究などには魅力もありました。阿部志郎先生という生涯の師とも仰ぐべき先生と出会うこともできました。ま

Column 1　専門官十訓

　専門官時代の 1992（平成 4）年、中澤健障害福祉専門官から、専門官十訓なるものを教えていただき、心にぐっとくるものがありました。内容は覚えておらず、メモも残っていなかったので、現在の中澤元専門官に依頼して、探してきていただきました。2017（平成 29）年 12 月 30 日に四半世紀を経て送っていただきました。ここに紹介させていただきます。

専門官十訓

1991.12.31
障害福祉専門官　　中澤　健

1　立場よりも仕事がおもしろいと思え。
　　多くの事務官が通り過ぎて行く。情報、出会いは多く、緊張感あり。
2　理念のリーダーを自負できるだけ勉強を続けること。
3　現場に行き、本人たちとかかわる。直接が良い。
　　現場にいることに意味があるのではない。かつては、若手職員と語りあう意味があった。いま、本人。
4　机（いす）にお辞儀をする人たちが多い。錯覚するな。
5　誰とでも仲良く。しかし物事はなるべくはっきり伝える。断るべきは断る。自分の責任のもてないことや、守備範囲以外はその旨伝える。
6　議論を恐れない。行政だからといって守勢に回る必要はない。情報はできるだけ提供しよう。ただし、オープンにできないものとのけじめはしっかり。
7　陳情の場も、訴えと聞き手の場でなく創造の場に変えていく心がけ。
8　スポークスマン（翻訳者）的役割も大切に。
9　意見の発表を積極的に。（対課局省）
10　金に絡まるな。

た、CCWA の小林毅氏、四国学院大学の村田哲康氏など、これまでの人脈では絶対に出遭うことのない人たちとの出会いがありましたし、興望館ボランティア時代からの親友だった野原健治氏にも助けていただくなど、新しい世界を見ることができました。このことは、感謝したいと思います。

7　主任児童委員制度（1992 ～）

　主任児童委員は、児童委員活動の一層の推進、地域レベルにおける子ども家庭福祉援助の活性化のため、1994（平成6）年1月から全国に設置された民生委員・児童委員です。その経緯は、全国民生委員児童委員連合会内に設置された「児童委員問題研究会（中間報告）」（1992）の提言を受け、区域を担当せず、児童問題を専門的に行う主任児童委員を1994（平成6）年1月から全国に1万4000人配置するものでした。児童委員問題研究会では、児童委員と民生委員とを分離すべきという点についても検討されましたが、結局、民生委員制度設立の経緯から分離せず、児童問題を主として扱う民生・児童委員を創設するということに収まった経緯があります。

　制度創設後の対応としては、平成5年3月31日付児発第283号「主任児童委員の設置について」を発翰し、併せて関連通知、厚生省報告例等を改正しました。また、1993（平成5）年7月29日、「主任児童委員活動マニュアル作成委員会」が全国民生委員児童委員連合会に設置され、年度内に「児童委員活動マニュアル」として作成、配布されました。さらに、1993（平成5）年2-3月、「全国主任児童委員研修会」を全国2か所で実施しました。留意事項としては、①「主任」という名称に対する民児協内の抵抗がまだ残っていること、主任児童委員と区域担当児童委員との協働のあり方について混乱が聞かれることなどがありました。1994（平成6）年度には、名称、任期、年齢等制度上の懸案について「児童委員問題研究会」にて検討がなされました。なお、1994（平成6）年度、「総務通信」にその経緯、内容についての解説を執筆しました。

8 子供の未来21プラン研究会報告書（1993）

　たくましい子供・明るい未来・活力とやさしさに満ちた地域社会をめざす
21プラン研究会（子供の未来21プラン研究会：座長・平田寛一郎早稲田大学教
授）は、21世紀をにらんでこれからの子ども家庭施策の基本方向を議論す
るべく、1992（平成4）年10月に児童家庭局長の研究会として発足しました。
今後の子ども家庭福祉対策のあり方について幅広く提言するため、厚生省
児童家庭局長のもとに設置されたものです。児童の権利に関する条約の採択、
1994（平成6）年の国際家族年を見据えて「権利行使の主体としての子ども」、
「家庭支援」という2つのキーワードのもとに、1.57ショックに始まる安心
して子どもを産み育てられる社会、育児と就労が両立できる社会をも目指す
羅針盤の作成を進めたものです。1990（平成2）年のいわゆる福祉八法改正
で子ども家庭福祉に大きな動きはなく、児童分野は何をめざすのかを訴えて
いくことが外部からも求められていたという事情もありました。

　私は、企画課児童福祉専門官として、この研究会の事務局に関わりを持ち
ました。特に、子ども家庭福祉が専門で中心メンバーであった網野武博氏
と高橋重宏氏の意見を生かすべく、いろいろと連絡を取り合いました。1994
（平成6）年の国際福祉年を見据えて「権利行使の主体者としての子ども」
「家庭支援」が大きなテーマであり、子どもの権利条約批准や国際家族年関
係行事等における厚労省関係文書などに、その一端がみられるのではないで
しょうか。局には高橋重宏先生がよく来られ、資料等を寄せていただき、ま
た、意見などをしていただいていたと記憶しています。なお、私の関心は、
子ども家庭福祉供給体制のあり方、特に、施設入所決定権限の市町村移譲の
是非にありました。

　1993（平成5）年7月に提出された報告書は、現在の子ども家庭福祉実施
体制について、「保育対策を除く児童福祉行政の体系が、都道府県の児童相
談所を中心としているのは、個々の発生件数が比較的少ない多種多様な問題
への対応という観点から広域性を有すること、また、自己の権利を主張しに
くい立場にある児童の「最善の利益」を確保するという観点から専門機関の

強い関与が求められること等の理由があげられている」と述べ、これまでの考え方を整理するかたちで「広域性」及び「専門性」を大きな理由としてあげました。

　そして、そのうえで、「地域住民に対する直接的福祉サービスは、可能な限り、身近な行政主体である市町村で行うことが望まれている」と指摘し、「特に、障害児対策の分野では、児童から成人に至る一貫した行政体系の整備という観点からも市町村の果たす役割への期待が大きい」と、障害児の措置について市町村移譲の必要性を指摘することとなりました。そして、「児童福祉行政においても、…（中略）…児童福祉の各分野、さらには各分野で提供される個々のサービスの特性も踏まえた都道府県と市町村の新たな役割分担について、関係者間で本格的な検討が開始されることを期待したい」と述べ、いくつかの条件をつけた婉曲的な表現ながら子ども家庭福祉サービスの市町村移譲の可能性について言及しています。

　この報告書は、厚生省関係で初めて子ども家庭福祉行政実施体制の市町村移譲に言及した、画期的な報告書になったと思っています。ただ、それから25年以上が経ちましたが、未だに子ども家庭福祉行政の二元体制は継続しており、この問題をライフワークの一つとしている私としては、ずいぶんもどかしい思いを重ねつつ、今日に至っています。

　この報告書を引き継ぎ、局内ではプロジェクトチームが発足して議論が行われますが、結局、子ども家庭福祉実施体制の見直しは不発のままでした。次に向けた制度改革の検討では、1994（平成6）年度に「児童家庭対策理念検討チーム」、「行政実施体制検討チーム」などが作られ少しずつ議論が行われましたが、結局、大きな動きにはならず立ち消えになってしまいました。

　たとえば、行政実施体制検討チーム報告「今後の児童福祉実施体制及び児童相談所のあり方（案）」（1994〔平成6〕年3月）の主な内容は以下のとおりです。現在までまだ実現していない方向性が提起されていました。

　(1) 一定規模以上の市について児童相談所の設置と措置事務を一括移譲

(2) 児童福祉対策と障害児者対策との分離―障害については児者一元
化し、措置事務を市町村委譲。また、都道府県の判定機関も統合―

(3) 児童福祉施設への入所措置事務についても市町村移譲し、都道府
県の児童相談所に再委託

(4) 市町村において在宅福祉と施設福祉を一元的に実施

(5) 任意的サービスと家庭裁判所のケア・オーダーによる強制的サー
ビスとのバランスの確保及び親権法制の改正

(6) 行政から独立した第三者機関の設置

(7) 都道府県中央児童相談所の他の児童相談所に対する情報的・技術
的・調整的支援機能の強化

(8) その他の検討課題

児童福祉実施体制を検討するためには、措置権及び児童相談所の

Column 2　厚生省時代に力を入れた論文

1. 英・米・日の児童虐待の動向と対応システムに関する研究 日本児童育成学
   会誌「児童育成研究」第 10 巻　日本児童育成学会 1992.8 網野武博・鈴木
   真理子と共同研究（筆頭執筆）P.3 ～ P.17
2. 児童相談所の動向と課題　全国電話相談研究会誌「電話相談学研究」第 4
   巻　全国電話相談研究会 1992.10　P.49 ～ P.55
3. 児童福祉援助構造の再構築に関する一考察・児童福祉行政における制度と
   方法の統合私論「社会福祉研究」第 57 号 鉄道弘済会 1993.7　P.9 ～ P.17

　1. は、初めて学会誌に掲載された論文です。私が筆頭執筆となりましたが、
網野氏、林茂男氏にたくさん朱書訂正をしていただきました。2. は、これま
での児童相談所に対するものを総合的に書いたものです。3. は、厚生省入省
時からずっと考えてきた制度と臨床の統合についての私論です。私の頭のな
かの分裂を何とかしたいと書き綴ったものです。視点がユニークと話題にも
なりました。なお、厚生省を辞してすぐに執筆した原稿がコラム 3、4 掲載原
稿です。当時の子ども家庭福祉の課題がわかるものとなっています。

あり方を検討するだけでなく、以下の事項も一体的に検討してい
くことが必要。
①児童福祉施設の再編成（療育系と養育系の２大柱とする）
②児童家庭福祉施策の計画的実施
③財源の確保
④児童福祉マンパワーの検討

　このときに動きがあったならば、2000（平成12）年のいわゆる社会福祉基
礎構造改革における子ども家庭福祉分野の改革は、もっと違ったものになっ
ていたであろうと思われます。子ども家庭福祉における大きな分岐点であっ
たと思っています。

9　エンゼルプランとりまとめ作業──少子化対策（1994）

　1994（平成6）年12月16日、政府は、文部省・厚生省・労働省・建設省
の４省大臣合意により、「今後の子育て支援のための施策の基本的方向につ
いて」（エンゼルプラン）を策定しました。また、その２日後の12月18日に
は、大蔵・厚生・自治の３大臣合意により「当面の緊急保育対策等を推進す
るための基本的考え方」（緊急保育対策等５か年事業）を策定しました。
　エンゼルプランは、1990（平成2）年のいわゆる1.57ショックを契機とし
て設置された、健やかに子供を生み育てる環境づくりに関する関係省庁連
絡会議が３か年にわたって提出している報告書を引き継いで４省の施策に焦
点化し、今後10年間における子育て支援施策の基本的方向と重点施策を盛
り込んだものです。エンゼルプランという名称は、公的には厚生省に設けら
れた高齢社会福祉ビジョン懇談会が1994（平成6）年4月に提出した報告書
「21世紀福祉ビジョン─少子・高齢社会に向けて─」において初めて用いら
れています。報告書は、「今後子育てを社会的に支援していくための総合的
な計画（エンゼルプラン）を策定することも必要である。」と述べ、その必要
性を強調していました。

1994（平成6）年4月に提出された報告書「21世紀福祉ビジョン―少子・高齢社会に向けて―」においてエンゼルプランの作成に言及がなされたということは、厚生省内においてゴールドプランの子ども版の作成が視野に入っていたことは間違いがないと思います。しかし、それが、児童家庭局内で議論された結果生まれたということではなかったのではないかと思います。おそらくは、大臣官房における議論のなかで先導されてきたものではないでしょうか。原局でできるのは、ホチキス行政によるとりまとめ程度ではなかったかと思います。

　また、ほぼ同時期に成立した厚生省児童家庭局平成6年度予算もエンゼルプラン・プレリュードと命名されています。このように、エンゼルプランは関係省庁連絡会議の検討に端を発し、4省合意により策定されたものですが、実際には厚生省が中心となって策定していると言っていいでしょう。

　実はこのプラン策定に大蔵省は関与しておらず、したがって各事業の数値目標等の設定はなされていません。つまり、プラン実現のための財源的裏打ちは十分ではなく、1997（平成9）年度から予定されている消費税のアップに関する検討と連動していると考えられています。

　これに対して、緊急保育対策等5か年事業は、エンゼルプランの施策の具体化の一環として、当面緊急に対応を迫られている保育等の課題に対応し、1995（平成7）年度から5か年の目標を定めて厚生省関連の事業を実施するものとして策定されています。本事業は大蔵省、厚生省、自治省の合意になるものであり、財政的な裏付けを持つ計画です。その意味では、高齢者保健福祉分野における新ゴールドプランの子ども・子育て版として理解することができます。

　政府によるエンゼルプラン及び緊急保育対策等5か年事業の策定に伴い、1995（平成7）年度から都道府県、区市町村においてモデル的な児童育成計画を策定するための補助事業である児童育成基盤整備等推進事業も開始されました。厚生省児童家庭局は、1995（平成7）年6月27日に都道府県・指定都市に対し児童育成計画策定指針を通知し、区市町村も含め児童育成計画を策定する際の参考とするよう指導しています。本事業に基づき、1995（平成

7）～1996（平成8）年度に、36都道府県、180区市町村が児童育成計画の策定を行っていました。

　私は、こうしたエンゼルプランの策定作業に、退職前に少しですが関わっていました。エンゼルプランは言わば政府全体で取り組む「子育て支援総合計画」とも言うべきものです。したがって、厚生省のみならず、文部省、労働省、文部省を始め、子ども・子育てに関連する省庁の施策の有機的連携のもとに策定されることが必要でした。その意味では、高齢者のための「ゴールドプラン」より幅広い内容を包含するものでなければならないと思っていました。

　私は、1990（平成2）年のいわゆる1.57ショックを契機として設置された、健やかに子供を生み育てる環境づくりに関する関係省庁連絡会議の事務局の一員としても、このとりまとめに関わっていましたが、この成果物は、いわゆるホチキス行政の産物と言ってよいものでした。

　私が厚生省で少子化対策のこの取り纏めに多少とも取り組んでいたころ、「少子化」という現象は「お神輿」だと強く感じていました。少子化は多くの要因が関与し、その結果がもたらす問題についても多くの考え方があります。したがって、「お神輿」の担ぎ手は、それぞれ自らの考える方向に「お神輿」を担いでいこうとします。子ども家庭福祉の充実、男女共同参画社会の形成、働く条件の向上、母子保健・医療の充実、住宅環境の整備、ゆとりある教育の実現といったそれぞれのめざす方向に衆目を集めるために……。かくして、「お神輿」は手段と化していきます。少子化対策は手段にしかなり得ず、したがって、それ自体が目的とはなりえないものだと感じていました。端的に言えば、各省庁、各局、各課の縄張り意識だったのではないかと思います。無論、それが絶対悪などと言うつもりはなく、縦割り意識は、自分たちの担当分野の拡大には集中して力を発揮するという責任感の表れでもあると思っていますが、一方で、それだけに終わりがちで、大局を見失ってしまう可能性が否定できません。そのことが、連携の不十分さにつながっているのだと思います。

　また、対策が国家のためのいわゆる出生率向上対策ととらえられがちであり、いわば対症療法的色彩が強い点もこの問題への取組を難しくしています。

「少子化対策」は国家が必要とする対策としてしかとらえられず、その結果、「子育てがこんなに苦労を伴うなら、私はもう子どもを生まない。政府は困るでしょうけれど……」といった発言が生まれることとなります。これでは、先に進まないだろうという思いが常にありました。その気持ちは、今でも払しょくできていません。

10　印象に残る業務

　専門官業務でこのほか印象に残っていることを挙げれば、以下のとおりです。以下、簡潔に説明したいと思います。

(1) 児童相談所、子ども家庭福祉実施体制のあり方検討

　1980年代はいわゆる福祉見直しの時期であり、私が厚生省に採用されてからのしばらくは、児童相談所のあり方や子ども家庭福祉実施体制のあり方検討に大きなエネルギーが割かれた時期でした。特に1990（平成2）年にはいわゆる福祉八法改正が行われており、子ども家庭福祉実施体制のあり方が検討された時期でもありました。この法律は、老人福祉法等の一部を改正する法律（平成2年法律第58号。以下「改正法」という）と言い、老人福祉、身体障害者福祉をはじめとする福祉の各分野について在宅福祉サービスの一層の充実や市町村において在宅サービスと施設サービスを一元的に供給できる体制の整備を図ることにしたものです。

　その検討の過程で、子ども家庭福祉の実施体制をどのようにするのかの議論が局内で行われ、私は、局長室での局議のために基礎資料を作成し、企画課のなかで揉んでブラッシュアップしていきました。それは、これまでの厚生省における児童相談所問題に対する蓄積の上に、検討を加えたものでした。局の意見としては全体に現状維持が圧倒的で、そのため、私も現行の児童相談所、福祉供給体制のままで施設入所決定権限を移譲することは必ずしも望ましいことではないと考え、そのための理論構築のためのペーパーを作成しました。市町村の強化や専門職の配置問題など、全体的な議論をしないまま

の福祉八法改正は、混乱になるのではないかと漠然と考えていました。これが社会福祉基礎構造改革の時期であれば、考えは違っていたかもしれません。結果として、障害児のための在宅サービスが制度化されただけに終わり、子ども家庭福祉実施体制は、他の福祉と異なる道を歩むこととなりました。

　法改正の議論は一部分（たとえば措置権の移譲の是非など）のみが強調されて検討されるため、全体的な供給体制のあり方を総合的に検討していく必要性を感じさせられることとなりました。それが、今の私の研究テーマ、ひいてはライフワークにつながっていくこととなりました。しかし、局における全体的な実施体制論議は深まらず、他の福祉分野の改革が行われるたびに子ども家庭福祉は受け身に回って、細かい制度改正を人身御供として差し出し、最終的に、児童福祉法は新旧制度が複雑に入り組んだ切り貼り的な制度体系となっていきました。また、何か新しい問題が起こると、とりあえず児童相談所にその対応を任せ、それが十分にできなくなって児童相談所に批判がおこり、他の施策の創設につながるという流れをとり続けていくこととなりました。これが、子ども家庭福祉の周回遅れという表現をもたらしていくことになったと考えています。その責任の一端は私にもあり、生涯のテーマとしてこの問題に取り組んでいく契機となりました。

(2)　子ども家庭データバンク事業（1989 〜）

　私は、学生時代は作家になるのが夢でした。子どものころから小説を読んだり、日記や文章を書いたりするのが好きでした。作家をあきらめた児童相談所時代でも、いろいろなことを書くことが好きでした。子ども家庭データバンク事業は、厚労省の子ども家庭福祉に関する情報を自治体等に提供する事業として 1989（平成元）年度から開始された事業であり、子ども・家庭に関する種々の調査、文献、事業等の情報を集積し、適宜提供していく事業です。母子愛育会に委託して実施していました。また、本事業の一環として、1990（平成 2）年度から「子ども家庭福祉情報」を発行・配布を開始しました。年 2 回発行で、私は、この雑誌の編集に携わりました。この本の編集はなかなかに楽しいものでした。私は編集にも携わり、第 1 号から折に触れて

執筆しています。

(3) 日本総合愛育研究所の研究業務、厚生行政科学研究事業、心身障害研究 などの研究業務

　日本総合愛育研究所の研究業務については、研究企画委員会、中間報告会、評価委員会などに参加しました。毎年、児童家庭局各課専門官から要望課題を聞き、また、研究所研究員の個別課題を聞きながら調整を進めました。網野武博氏という元児童福祉専門官が研究企画部長として在職されていたため、しょっちゅう連絡を取り合っていました。網野氏とは児童相談所時代から面識がありました。したがって、児童家庭局行政で困ったことや判断がつかないことなどについて多くの助言をいただきました。大学学部の 10 年先輩でもあり、専門官としても先輩だったため、まるで兄のように慕い、また、助けていただきました。その関係は現在でも続いており、私の目標であり続けています。

　研究にはほぼ毎年、いくつかの研究に協力研究者として参画し、研究の進め方等についてたくさんの学びを得ました。また、論文の書き方についても多くの学びを得ました。研究者としての訓練を受けていない私にとっては、貴重なひととき、経験だったと思います。日本総合愛育研究所の共同研究で印象に残っているものとしては、第 26 集掲載の「フランスにおける児童福祉及び母子保健の動向と課題」、第 27 集掲載の「英国における児童虐待の動向と保健・福祉の課題」が印象に残っています。

　1988（昭和 63）年に、網野氏、明治学院大学の濱野一郎氏、（財）日本児童問題調査会の村上氏と 4 人で初めて海外視察を行い、大きな刺激を受けました。それをもとに日本児童問題調査会が児童福祉制度の国際比較研究のための児童福祉研究会を立ち上げ、私は網野氏とともにフランスを担当し、1990（平成 2）年 12 月に「児童福祉制度の国際比較」という報告書を取りまとめました。これをもとに、ちょうどこの頃課題となっていた子ども家庭福祉供給体制に係る諸外国の体制をまとめて、局内会議資料として提供していました。このように、研究の企画、進行管理などは私の業務の大きな部分を占め、

研究方法について基礎から学んでいない私には大きな刺激となりました。

(4)「学習障害児」問題（1991-1994）

印象に残っているのが 1990（平成 2）年度に発足した「全国学習障害児・者親の会連絡会」の要望です。児童相談所時代から学習障害の相談や支援には携わっていましたが、対策は無きに等しいものでした。親の会発足後、国会でとりあげられたこともあり、1991（平成 3）年 8 月には「全国学習障害児・者親の会連絡会」からの要望があり、その後も毎年のように要望が続きました。最新の研究、臨床所見を集めたり、文献を読んでさらに深く理解したりと、準備も大変でした。文部省が調査研究協力者会議を開催していましたので、私も参加して情報収集をしました。文部省とのはざまの問題であり、また、障害福祉課が所管外とのことで企画課対応となりました。なかなか企画課で対応していても具体的施策につながらないので、障害福祉課で対応すべきだったと思います。今では、発達障害の一部として、障害福祉課所管となっていますが……。

国会質問もいくつかありました。議員への質問取りに行ってから所管を決め、担当となった私が原案を作成して企画法令係が文章化するのですが、キャリアの人たちや答弁者である局長に理解してもらうのが大変でした。また、答弁書を作成して法令審査委員の了解をとり、遅くまでかかって答弁書を作成しました。さすがに大臣答弁まではいかなかったので、早朝レクまではしませんでした。答弁（それはあまり意味のない答弁でしたが）が終わるとひと段落で、その問題が終わったような気がしました。本当は、それからが大切なのですが。

(5) 不登校（1990 ～）

また、1980 年代から深刻な社会問題となっており、かつ、児童相談所における相談件数も飛躍的に増加していたいわゆる「不登校」問題については、1991（平成 3）年度から「ひきこもり・不登校児童福祉対策モデル事業」として総合的に取り組んでいくこととなりました。この事業は、いわゆるメン

タル・フレンドの派遣、デイケア、ショートステイ、家族療法、児童養護施設等での集中的な心理療法等の事業を、教育機関との連携のもとで、児童の状態に応じて提供していくものであり、不登校児に対する従来の援助メニューをさらに拡大していくことを目指すものでした。児童相談所が中心となっていくことが必要な事業であり、児童相談所での不登校児童に対するキャンプやデイケア、大学生ボランティアの寄り添い型の支援をしていた経験を生かしたものでした。1つの事業だけを創設してもあまり喜ばれないので、いくつかの新規事業を従来の事業とともに組み合わせ、新たに総合対策としての装いを創り上げて進めていく手法で、当時はよく行われていました。そのためのポンチ絵の作成は、私もよくやりました。

　なお、不登校という用語の使用ですが、厚生省では、児童相談所相談分類の「長欠・不就学」を 1990（平成 2）年度通知の児童相談所運営指針で「不登校」としたのが嚆矢と思います。これは、長欠・不就学の用語を変更したときに「登校拒否」相談という用語のラベリング性を排除したいがために敢えて「不登校」という用語を用いました。その頃、文部省はまだ登校拒否の用語を用いており、その後の「学校不適応対策調査研究協力者会議」（1992）の報告書で「不登校」の用語を用いたのではないかと思います。その後、文部省が「不登校」の用語を用いたことを PR していましたが、厚生省の方が早いと思ったことを記憶しています。

(6) 国際児童福祉（1990〜）

　国際児童福祉については、ストリート・チルドレン問題に取り組みました。1990（平成 2）年に国際厚生事業団の派遣でタイとマレーシアの社会福祉・児童福祉制度や実情の視察を行い、それを「アジアの福祉」と題する報告書に取りまとめました。また、その後に、アジアのストリート・チルドレンに対して支援を行っている NGO 支援の業務に取り組むこととなり、1991（平成 3）年 10 月には、児童家庭福祉国際協力活動研究報告書として「NGO による児童家庭福祉に関する国際協力活動」と題する報告書を全国社会福祉協議会から公表しました。この報告書は、その後、全国社会福祉協議会国際部

Column3　厚生省を辞してすぐに執筆した原稿1

「児童養護」原稿：総括—児童福祉の課題覚書—

淑徳大学助教授　柏女　霊峰

はじめに

　厚生省に設けられた「高齢社会福祉ビジョン懇談会」はこの三月、「二十一世紀福祉ビジョン—少子・高齢社会に向けて—」と題する報告書を公表した。報告書は、子育てに対する思いきった社会的支援の必要性を訴え、今後、子育てを社会的に支援する総合的な計画であるいわゆる「エンゼルプラン」策定の必要性を提言している。

　また、先ごろ公表された平成五年版厚生白書も「未来をひらく子どもたちのために—子育ての社会的支援を考える—」をそのテーマとし、子育てを「次代を形成するための社会共通の主要コスト」と位置づけ、子育て、子どもの健全育成に対する社会的支援体制の強化を訴えている。このように、ようやく児童福祉に対する政策的対応の必要性が提起されてきたことは、まことに喜ばしいことである。

　実際、児童福祉の政策的課題は山積している。本稿では、これからの児童福祉政策の本格的検討を前に、現在の児童福祉が抱える主要な政策的課題を整理し、今後の検討のための覚え書きとしたい。

一．「エンゼルプラン」の策定

　「エンゼルプラン」は言わば政府全体で取り組む「子育て支援総合計画」とも言うべきものである。したがって、厚生省のみならず、文部省、労働省、文部省を始め、子ども・子育てに関連する省庁の施策の有機的連携のもとに策定されることが必要である。その意味では、高齢者のための「ゴールドプラン」より幅広い内容を包含するものでなければならない。

　また、例えば「児童保健福祉計画」の策定等地方自治体に新たな義務を課すことを考えれば、プランは、自治体の意見を謙虚に汲み上げ、実効性のあがる目標設置がなされなければならない。また、十分な財政的手当てが必要なことも当然である。

第1部　平成期の子ども家庭福祉（1）

二.

　児童福祉の財源平成六年度予算案である「エンゼルプラン・プレリュード」
は、厚生保険特別会計部分の予算を大幅に拡充し、その趣旨に添い「子育て
と就労の両立支援」及び「子どもの健全育成」にその焦点が当てられている。
　その一方で、従来一般会計で手当てされていた延長保育等の特別保育対策
や「子どものショートステイ事業」等いわゆる一般家庭の子育て支援対策が
特別会計に振り替えられている。厳しい財政状況の中で事業の性格や予算の
確保し易さが比較考量された結果と考えられるが、前述の「福祉ビジョン」
報告書の中で介護・育児対策の財源として間接税等の安定的租税財源確保に
関する検討についても触れられていることを考えれば、子ども・子育て対策
の財源を過度に特別会計に依存させてしまうことについては慎重でなければ
ならないであろう。

三．　児童福祉実施体制のあり方検討

　さらに、「エンゼルプラン」の円滑な実施のための基盤整備を考えれば、
高齢者対策と同様児童福祉実施体制の検討が課題として浮かび上がってくる
こととなろう。
　現在、児童福祉施設入所措置事務については、保育所、助産施設・母子寮を
除いて児童相談所において実施されており、平成二年のいわゆる福祉八法改
正時においてもこの体制に変更はなかった。この体制は、比較的数が少なく、
また、自己の意見を表明する力の弱い要保護児童の生活・権利保障のため一
定の有効性を持っていると考えられるが、一方で、市町村レベルでの児童福
祉対策を限定的なものにし、民間も含めた地域における児童福祉への計画的
取組を困難にさせる一因ともなっている。
　つまり、図式的に言えば、要保護児童の権利保障を図るためには都道府県実施
がより有効であり、また、一般児童の健全育成、子育て家庭支援を視野に入れれ
ば、地域福祉がより行いやすくなる市町村実施がより有効であり、この両立が児
童福祉実施体制検討の大きな論点になってくるということが言えるであろう。
　さらには、この際思い切ってニーズ判定と援助構造の異なるいわゆる養
護・非行等の要保護児童と心身障害児の実施体制を分離し、心身障害児につ
いては児者一元化を図ることも検討に値するのではないかと思われる。

第2章　厚生省時代の政策立案

四．措置と契約―公的責任の果たし方―

　児童福祉における公的責任の果たし方に関する検討も必要であろう。この一月に厚生省に提出された「保育問題検討会」の報告書は、現在の保育所制度の問題点を指摘しつつも、その改革については、措置制度を堅持した上での拡充方式と直接契約による入所方式の両論を併記する結果となっている。

　筆者は、措置制度でなければ公的責任の後退になるとは必ずしも考えないが、児童の福祉ニーズを代弁すべき保護者のワーカビリティが低い場合に児童の福祉を図る方法としての職権保護システムは必要であると考えている。ただし、保育については、多くの場合、保護者のワーカビリティは高いと考えられるので、保護者の要望が児童の福祉ニーズと反する場合の対応システムを用意し、さらに財政負担の後退を招かないことを確保すれば、直接契約方式によっても「入所児童の発達・権利保障」と「利用しやすい保育所」との両立は可能であると考えられる。さらに第三の道として、デイサービス事業と位置づけることも検討に値するのではないだろうか。

　いずれにしても、福祉のプライバタイゼーションの功罪に関する検討も含め、公的責任の果たし方に関する検討が今後必要であろう。

五．児童の権利保障体制整備

　現在の児童福祉法体系が任意的サービスに偏り過ぎているため、漸増しつつある被虐待やニーズ無き触法児童への対応に限界が生じてきていることはよく指摘されている。これを改善していくためには、児童の保護についてなるべく「親族の情宜に委ね」、家庭への介入を制限的に考えてきたこれまでの思想を、「親権や私権に公権が介入することによって生ずる問題よりも子権を守ることの方が重要」との思想に転換していくことが必要である。

　具体的には、現行のいわゆる一般的通告義務制に代わる専門的通告義務制の導入の是非、通告に対する介入・保護段階における家庭裁判所の児童福祉機関に対する調査・指導命令と報告制度等の導入、強制的サービスにより入所した児童の親権者の親権の一時停止制度の導入、さらに、児童福祉施設等でケアを受けている児童の訴えに応じてその処遇のあり方について介入することのできる第三者機関の設置等に関する検討が必要であろう。

六．児童福祉施設の再編成

児童問題の幅広さも影響し、児童福祉施設は現在 20 種類にもなり、広域措置の必要性を増している。児童福祉施設の細分化は、養育・療育内容の専門化・高度化を促進する効果がある反面、ノーマライゼーションや家庭支援の観点からは一定の限界も生じさせている。このため、児童福祉施設の入所児童に対する専門的養育・療育と子育て支援機能とを両立させるような児童福祉施設再編成が課題となってくるであろう。その場合、養育系施設と療育系施設の二大施設体系を基本としていくことが適当であろう。

七．マンパワー対策

処遇の向上、等質性確保のため資格制度の充実、職員の処遇の向上は喫緊の課題である。児童養護との関連で言えば、特に養護施設職員の配置基準問題は深刻である。これは、養護施設入所児童が処遇に最も手がかからないという仮定を前提に配置基準が定められていることによっている。しかし、愛情喪失体験がその後の児童にもたらす各種の心理的影響を考えれば、彼らこそ最も手厚い愛情がかけられてしかるべきであろう。惜しむらくは、その理論化が遅れているために説得性のある要求ができないことである。愛情喪失・剥奪が児童のその後の発達に与える影響、さらには、望ましい社会的養護形態等に関する研究が求められている。

おわりに

以上、枚数の関係もあり、これからの児童福祉に求められる主要な政策的課題についてポイントのみ取り上げてきた。昨年七月に出された「子どもの未来 21 プラン」に取り上げられた課題と重複するものもあるが、筆者なりに日頃感じている課題を列挙したものとご理解いただければ幸いである。各項目について短くポイントのみ取り上げたので、あるいは誤解を生じるのではないかとの懸念もあるが、今後検討していく際の筆者なりの覚え書きとしてご容赦いただきたい。こうした課題について、今後とも現場の先生方、行政関係者の方々とともに考え続けていきたいと思っている。

[出典] 柏女霊峰「児童福祉の課題覚書」(1994)『季刊児童養護』第 25 巻第 1 号　全国社会福祉協議会・全国養護施設協議会」

を通じて NGO 情報の収集・提供という国庫補助事業として、実を結んでいくこととなりました。

このように、児童福祉分野の民間国際協力活動に対する支援は、細々とではありましたが、児童家庭局としての事業として存続していくこととなりました。具体的には、1991-1992（平成3-4）年度の発展途上国児童福祉問題調査研究事業が下敷きとなって調査研究を行い、それが1993（平成5）年度からの国際児童福祉情報センター事業に結びついていきます。その内容は、NGO レベルの児童福祉国際協力の情報センターを設置し、データバンク機能、国際協力相談機能、あっせん機能を果たす事業でした。国際厚生事業団及び全国社会福祉協議会国際部委託により実施していましたが、なかなか機能するところまでは行きませんでした。語学が不得手な私としてもこの問題はとても荷が重く、日本の児童養護施設がアジアの施設を支援しつつ、その資金調達に疑念があるといった噂も出たりして、語学とアジアの文化や制度等に熟達した人材でなければ困難と思い、厚生省を辞するまでかなりしんどい思いをしました。

ただ、この問題に取り組み始めた頃、河幹夫氏という企画法令補佐（法令審査委員）が私をかわいがってくれ、1.57ショックに揺れる児童家庭局内で、「100人のうちの99人の問題に全体として取り組んでいるときには、誰か（どこか）が100人のうちの1人の問題に取り組んでいなければならない」と支えてくれたことを今でも忘れることはできません。河補佐は、夜に研究会に出かけることをよく思わない事務官に私が気兼ねしている様子を見ると、「専門官が局内にいてどうするのだ。事務官として助けがほしいときに、研究会等でつかんでいた人脈を生かすのが専門官の役割ではないか」と助けてくれました。彼とは、今でも親友ともいうべき仲間としてお付き合いをしています。

国際協力関係については、厚生省の国内行政と直接かかわりがなく、また、広く興味を持ってもらうことに意義があるとのことで、学会報告が許可されていました。したがって、この分野での学会報告は以下のとおりいくつかできていました。

1. わが国の NGO による児童家庭福祉に関する国際協力活動について
   [その 1] 日本社会福祉学会第 40 回全国大会　連名発表　1992.10
2. わが国の NGO による児童家庭福祉に関する国際協力活動について
   [その 2] 日本社会福祉学会第 40 回全国大会 口頭発表　1992.10
3. わが国の NGO による児童家庭福祉に関する国際協力活動について
   [その 3] 日本社会福祉学会第 40 回全国大会 連名発表　1992.10
4. フィリピンにおける児童福祉問題の実情とわが国国際協力の課題—
   ストリート・チルドレン問題を中心に—［その 1］日本社会福祉学
   会第 41 回全国大会　連名発表 1993.9
5. フィリピンにおける児童福祉問題の実情とわが国国際協力の課題—
   ストリート・チルドレン問題を中心に—［その 2］日本社会福祉学
   会第 41 回全国大会　口頭発表 1993.9
6. フィリピンにおける児童福祉問題の実情とわが国国際協力の課題—
   ストリート・チルドレン問題を中心に—［その 3］日本社会福祉学
   会第 41 回全国大会連名発表　1993.9

11　児童相談事例集の編集、発行その他、図書の監修、発行

　児童相談事例集の編集は、大事な業務でした。その趣旨は、児童相談所職員等の児童相談従事者の相談技術向上、関係機関への啓発等を目的として、毎年、設定するテーマに沿い、児童相談所職員の執筆事例を募集し、編集のうえ発行することでした。1959（昭和 24）年度から毎年発行され、私は 1986（昭和 61）年度の児童相談事例集第 18 集から 1993（平成 5）年度の第 25 集まで編集し、第 26 集の準備をして厚生省を去りました。児童相談事例集は、第 1 集の児童福祉事業取扱事例集、第 2 集の児童のケースウォーク事例集、その後の児童のケースワーク事例集として第 3 集から 1968（昭和 43）年度の第 20 集まで編集され、1969（昭和 44）年度から児童相談事例集として最後は 1998（平成 10）年度の第 30 集、通巻 50 集まで続けられました。
　編集の手続きは、まず、これまでのテーマ、新規事業のノウハウ蓄積、行

政上の必要、現場の意向等を勘案してテーマを設定します。毎年秋に都道府県・指定都市に通知し、年度内に事例を募集します。少ない場合には、個別に依頼したりもしました。

　続いて、提出事例の検討を行います。内容をチェックし、採用事例を選択します。不適切部分については執筆者に訂正を依頼する等により、特に大きな問題がなければなるべく採用するようにしました。内容チェックに当たっては、プライバシーへの配慮、差別・不快用語、行政解釈の誤解等に特に留意しました。考察における執筆者の意見については尊重しましたが、誤解に基づくもの等については執筆者に確認しました。そして、企画課長決裁をもって、採用事例決定としました。厚生省児童家庭局監修で（財）日本児童福祉協会の発行です。児童相談所等児童福祉行政機関に発送し、執筆者、関係団体、元専門官、関係学識経験者への発送については、発送名簿作成のうえ協会から郵送してもらいました。毎号、編集後記として、コメントを書き添えました。その間、事例を何度も読みますので、とても勉強になりました。

　1994（平成6）年度に厚生省を辞して淑徳大学に行きましたが、その年から持ったゼミでは、児童相談事例集から特徴的な事例を選定し、その事例について、学生が順番で一つずつ読み込んで考察し、検討課題を設定して議論し合いました。大学で専門職教育を行う上でもとても勉強になりましたし、臨床的な力もついたように思います。50集で中止となったときには、とても寂しい思いがしました。なお、児童のケースワーク事例集から児童相談事例集に至る50集の通巻目次は、子どもの虹研修センターの平成22-23年度研究事業で作成された『児童相談所のあり方に関する研究―児童相談所に関する歴史年表』に掲載されています。

　このほか、経験10年以上の心理判定員を対象として各県持ち回りで実施する「全国児童相談所心理判定セミナー」や児童相談所のスーパーバイザーを対象として実施する「児童相談所相談関係指導職員研修会」もほぼ毎年報告書を発刊しており、これも、歴史的には貴重な資料になるのでないかと思います。

　さらに、専門官として発刊に関与した書籍には、「目で見る児童福祉」（日

本児童問題調査会発行。これは今でも、発行所は変更されて続いています)、ま、た、外国向けにわが国の児童福祉について紹介するための資料である「A BRIEF REPORT ON CHILD WELFARE SERVICES IN JAPAN」を児童家庭局監修で日本児童問題調査会が発行しており、これは2-3年ごとに改定していました。

12　総括

　児童相談所で臨床経験、厚生省で行政経験を持ち、その両方を経験したこと、学生時代に興望館で地域福祉を肌で経験し、また、それ以降も関わりを続けてきたことが、私の子ども家庭福祉生活を規定してきました。

　まず、臨床と政策立案の両方の立場を経験したことが、制度と方法をつなぐ子ども家庭福祉の在り方研究を進めさせたと思います。そして、そのことが、現代児童福祉論等の著作のなかで、徐々に「理念、制度、方法の円環的前進論」を創り上げてきたのではないかと思います。

　続いて二点目に、子ども家庭福祉分野の特定領域にこだわることなく、子ども家庭福祉に横串を通して研究するという視点を導いてくれました。そして、そのことが、子ども家庭福祉サービス供給体制を研究するという方向に導いてくれました。

　三点目として、理念、制度、方法の円環的前進を考えるうえでの私の限界は、社会福祉の「方法」であるアドミニストレーションやソーシャルワークをきちんと学び、実践してこなかったということを挙げなければならないと思います。私は大学で教育心理学を学び、特に臨床心理学的手法を用いて児童相談所での福祉的援助を行ってきました。むろん、児童福祉司が事務職員だったこともあってソーシャルワークも展開してきたつもりですが、それはあくまでまねごとにしかすぎません。このことは、私にとっての大きな課題といえます。この点をクリアしていくことが必要とされます。

　四点目として、子ども家庭福祉を高齢者福祉や障害者福祉と比較したときに特徴とされる都道府県と市町村との二元化体制であること、さらに、児童

相談所という万能システムがあることの是非を問うことが子ども家庭福祉研究の大きな論点となることに気づかされてきたことが大きいと思います。そして、そのことは、子ども家庭福祉分野における地域包括的・継続的支援の可能性を問うことにもつながってきているのだと思います。

　最後に、これからどうしても考えなければならないこととして、児童相談所が果たしてきた役割と意義、限界について取り上げなければならないと感じています。私は、研究生活を始めて間もなく、「養護と保育の視点から考える　子ども家庭福祉のゆくえ」（中央法規、2001）で、「第6章　児童相談所の今後のあり方」という小論を書いています。そのなかで、「歴史的には、児童相談所は当初、鑑別機関として発足し、時代とともに心理判定、カウンセリングや心理療法、ソーシャルワークの機関として、時代のさまざまな問題に先駆的に取り組み、それが軌道に乗るとほかの機関がその問題を担当するという流れをたどってきた。そして、最近では、子ども虐待に対応するため、『介入』性の強化が求められている」と述べています。

　これはかなり婉曲的な表現であり、はっきり言えば、「子ども家庭福祉上の問題が起こればまずは児童相談所に対応を委ね、それがうまくいかず児童相談所が批判にさらされ、その間に対応を準備してきた機関が対応するようになる。」という歴史をたどってきているといえるでしょう。つまり、児童相談所は、良かれ悪しかれ、とりあえずの対応を任される機関としての意義を持たされ続けてきたのです。三歳児健診精密健康診査、不登校問題、校内暴力問題、子ども虐待などすべてその歴史をたどっているといえます。つまり、児童相談所という何でも屋があることによりとりあえずの対応ができることから、現体制の限界が覆い隠され、時代に取り残される仕組みとして残ってしまったともいえるのではないかと思います。これはかなりうがった見方かもしれませんが、この世界に例を見ないシステムである児童相談所の評価というテーマも、今後の私の大きなテーマになりうるのではないかと思っています。

　なお、子供の未来21プラン研究会報告書で婉曲な表現ながら二元行政の克服に触れ、また、その後の局内実施体制プロジェクトでの議論のとおり、

これらを通して考えてきたことをライフワークにしようと思いました。大学に出た当時はまだそのような思いは確固たるものにはなっていませんでしたが、児童相談所、企画課に勤務し、全ての児童問題を常に通覧してきた立場として、それをメリットとして生かしていくことはできないか考えていたことも事実です。逆に、何一つ深堀りしてこなかったという思いもありました。

そこで、児童問題を縦に切って蛸壺化するのではなく、横串にさして「供給体制」を研究しようと思った次第です。学生時代から社会福祉法人興望館リーダーとして関わり、地域福祉を側面からみてきたという思いもありました。この２つをつなぐのが子ども家庭福祉供給体制の在り方研究と思いました。こうして私は、大学に出ていくこととなります。

［注］
１）柏女霊峰（1997）「『児童相談所運営指針』備忘録」『淑徳大学社会福祉研究所総合福祉研究室年報』第２号　淑徳大学社会福祉研究所（なお、本論文については、拙著『児童福祉改革と実施体制』ミネルヴァ書房、1997の第13章において、「児童相談所運営の基本的視点―児童相談所運営指針備忘録」として再録している。
２）著者は、当時の行政担当者から幾度か、児童相談所執務提要は記述が専門的であり行政通知らしくないとの意見を聞かされたことがあった。
３）柏女霊峰（2006）「児童相談所運営指針通史」『淑徳大学大学院総合福祉研究科研究紀要第13号』pp.45-64　柏女霊峰（2008）『子ども家庭福祉サービス供給体体制』中央法規の第６章に所収。
４）高橋種昭・仁科義数・青木孝志外（1983）「児童相談活動の効果増進に関する研究」『日本総合愛育研究所紀要』第19集　日本総合愛育研究所
５）全国児童相談所長会（1989）「子どもの人権侵害例の調査及び子どもの人権擁護のための児童相談所の役割についての意見調査の報告」『全児相』通巻第47号　p.48

Column4　厚生省を辞してすぐに執筆した原稿2

「全判協会報」原稿　児童福祉の課題と児童相談所

淑徳大学助教授（元厚生省児童家庭局企画課児童福祉専門官）　柏女　霊峰

この度、3月31日をもって8年間お世話になった厚生省を退官し、4月から淑徳大学に勤務し、主として児童福祉を担当しています。千葉県児童相談所心理判定員時代を含めて18年間、児童相談所心理判定員の皆様方には大変お世話になりました。特に厚生省時代には、翁川元会長、新納前会長、山田現会長や片倉さんをはじめとする事務局の方々、更には幹事の方々に大変お世話になりました。

また、研修等を通じて多くの心理判定員の方々と知り合え、貴重なご意見をいただく機会も得させていただきました。その一つひとつが今の私の貴重な財産となっております。この場をお借りしてあらためて深く感謝いたします。本当にありがとうございました。

私は、児童相談所を経験して厚生省に入ったため、児童相談所には深い思い入れがありました。児童相談所関連の大きな業務の中で何と言っても心に残っているのは、「児童相談所運営指針」の改定作業のことです。児童相談所から寄せられた多くの貴重なご意見と日々格闘しておりました。　そのほか、いわゆる「子どもと家庭110番」事業や「ひきこもり・不登校児童福祉対策モデル事業」等の企画・立案、実施も想い出深いものがあります。これらの新規事業はすべて児童相談所で先駆的に実施されていたものをモデルとさせていただきました。このほかにもいくつかの企画案や実践事業を心理判定員の方々をはじめ児童相談所の方々からご示唆いただきましたが、私の力不足のため実現には至らなかったものもありました。

心理判定員の方々からは、時々、「こんなに新規事業ばかり作られたら、児童相談所のクリニック機能が死んでしまう」とのお叱りもいただきました。私がこの会報の第88号に書かせていただいた「つなぐ」に対して寄せられた賛否両論もこのことを物語っています。

しかし、私は、地味ながら最も大切な業務を日々黙々とこなしている児童相

談所が、その地味さの故に目立たず、時として周囲から既に存在価値のないような言われ方をされることが残念でなりませんでした。これを克服するためには、日々新しいものにチャレンジしている必要がある、この思いが私を駆り立てていました。「児童相談所運営指針」の改定や「子どもと家庭110番」開始の時期が、いわゆる福祉8法改正検討の時期と軌を一にしているのもこのためです。

　また、私が厚生省にいた8年間は、児童相談所の措置権保持の必要性に対し、周囲から素朴な疑問が発せられ続けた時期でもありました。そして、結局、現体制が維持されています。したがって、その結論はまだ出ていないと言えましょう。

　この3月に出された「21世紀福祉ビジョン」において子育てに対する思いきった社会的支援の必要性が謳われ、いわゆる「エンゼルプラン」の検討が本格的に開始されることとなりました。素晴らしいことだと思います。そして、このプランの作成と同時に、その効果的な実施のための児童福祉実施体制の見直しは不可避のこととなるでしょう。この時、特に要保護児童の権利保障と一般家庭児童の地域福祉とを両立させるための実施体制はいかにあればよいか、児童相談所の見識がすぐにでも問われてくることとなるでしょう。

　こうした児童福祉実施体制に関する検討は、問題を単なる措置権移譲の是非論のみに矮小化すべきではなく、虐待対策や施設入所児童のレビュー体制の整備等児童の権利保障体制整備や昨今の触法事実否認への対応、保育制度改革に見られる措置制度改革の動向への対応、細かくなり過ぎた児童福祉施設の再編問題、さらには、児童福祉と心身障害児者対策の分離に関する考察、福祉のプライバタイゼーションの是非に関する検討、資格制度やマンパワー対策、児童福祉の財源問題等児童福祉のその他の課題と結びつけて考えていくことが必要ではないかと思います。老人福祉、身体障害者福祉の実施体制をモデルにするだけでは、この問題は決して解決しないでしょう。そして、これらの検討のためには、何より、「児童の最善の利益」や「児童の権利保障」を基本理念としなければならないと考えています。

　私は、今後とも、こうした問題について、多くの現場の先生方とともに考え続けていきたいと思っています。今後ともご指導のほどよろしくお願いいたします。

[出典] 柏女霊峰（1994）「児童福祉の課題と児童相談所『全国児童相談所心理判定員協議会会報』
　　　第104号

第2部

平成期の子ども家庭福祉（2）

淑徳大学時代（平成6年〜31年）

第1章

主な審議会・検討会への参画

1 淑徳大学に出る契機

　1993（平成5）年の秋頃、私は、当時、中央社会福祉審議会会長で淑徳大学教授だった仲村優一氏に電話で呼び出されました。私はてっきり、児童家庭局が制度改革に後ろ向きなので、そのことについて意見を聞かれるのではないかと思っていましたが、休日に仲村氏の事務所に伺うと、淑徳大学に来ないかという話でした。淑徳大学は児童相談所時代、自閉症児キャンプなどでボランティア学生にお世話になり、素直な学生たちだと好感をもっていましたし、千葉県内の大学とのことで親近感もあったので、しばらくして、仲村氏に受諾のお返事をさせていただきました。大学での審議を経て、当時の淑徳大学社会学部に助教授での転身が決まりました。

　淑徳大学に勤務して3年後の1997（平成9）年度から、私の国における審議会、検討会の委員歴が始まりました。同時に、日本子ども家庭総合研究所子ども家庭福祉政策研究担当部長（非常勤）としての研究業務も始まることとなり、政策立案に携わりつつ、研究を並行させる生活が始まりました。

2 主な審議会・検討会委員歴

　私が、本書発刊時までに、国や全国団体、地方自治体等委員として政策立案に参画した主な委員歴は、以下のとおりです。それらのなかには、現在も続けているものもあります。これからの報告は分野別に綴られますので、そ

れぞれの分野における時系列として紹介したいと思います。

（1）経歴

昭和 27 年 6 月生まれ

昭和 46 年 3 月　開成高等学校卒業

昭和 46 年 4 月　東京大学文科Ⅲ類入学

昭和 51 年 3 月　東京大学教育学部教育心理学科卒業

昭和 51 年 4 月　千葉県庁採用（千葉県市川、柏、児童相談所に心理判定員として勤務）

昭和 61 年 4 月　厚生省（現厚生労働省）採用　児童家庭局企画課（主査）

平成 3 年 4 月　厚生省(現厚生労働省）児童家庭局企画課・児童福祉専門官

平成 6 年 4 月　大乗淑徳学園採用・淑徳大学社会学部助教授

平成 9 年 4 月　淑徳大学社会学部教授、日本子ども家庭総合研究所担当部長（〜平成 25 年 3 月）

現在　淑徳大学総合福祉学部教授・同大学院教授

（2）主な審議会委員歴
（政府、自治体、全国団体の審議会・検討会等委員など）

【政府関係審議会・検討会等】

1. 保育政策

平成 9 年 10 月　中央児童福祉審議会臨時委員（保育部会）（平成 12 年 12 月まで）

平成 10 年 10 月　保育所保育指針検討小委員会委員（中央児童福祉審議会）（平成 11 年 6 月まで）

平成 12 年 9 月　厚生省保育士養成課程等検討委員会委員（平成 13 年 3 月まで）

平成 14 年 9 月　全国保育士会倫理綱領検討特別委員会委員長（平成 15 年　2 月まで）

平成17年10月	中央教育審議会専門委員（初等中等教育分科会、教育課程部会幼稚園専門部会）（平成22年3月まで）
平成18年10月	全国保育協議会専門委員・保育施策検討特別委員会委員（現在に至る）
平成18年10月	文部科学省・幼稚園教育要領の改善等に関する調査研究会議委員（平成20年6月まで）
平成18年12月	文部科学省・子育て支援に関する研修プログラム作成協力者会議委員（平成20年3月まで）
平成18年12月	厚生労働省・保育所保育指針改定に関する検討会委員（平成20年3月まで）
平成19年9月	厚生労働省・保育所保育指針改定に関する検討会ワーキンググループ委員（平成20年3月まで）
平成20年5月	文部科学省・今後の幼児教育の振興方策に関する研究会（平成21年3月まで）
平成21年7月	社会保障審議会少子化対策特別部会保育第一専門委員会専門委員（平成22年12月まで）
平成25年8月	幼保連携型認定こども園保育要領（仮称）の策定等に関する調査研究協力者会議委員（平成26年3月まで）

2. 児童虐待防止政策

平成10年4月	厚生省子ども虐待対応の手引き編集委員会委員（平成11年3月まで）
平成12年7月	厚生省・「児童相談所運営指針」及び「子ども虐待対応の手引き」の改定に向けた検討会委員（平成12年11月まで）
平成13年7月	社会保障審議会臨時委員（統計分科会委員、平成13年12月より児童部会委員・平成21年11月まで）（統計分科会委員は平成23年6月まで）
平成14年12月	社会保障審議会児童部会児童虐待の防止等に関する専門委員会委員長（平成15年6月まで）

平成 16 年 10 月　社会保障審議会児童部会・児童虐待等要保護事例の検証
　　　　　　　　　に関する専門委員会委員長代理（平成 20 年 8 月より委員長。
　　　　　　　　　平成 21 年 6 月まで）
平成 16 年 12 月　厚生労働省・子ども虐待対応の手引き改訂検討委員会委
　　　　　　　　　員（平成 17 年 3 月まで）
平成 21 年 12 月　児童虐待の防止等に関する政策評価総合性確保評価に係
　　　　　　　　　る研究会委員（平成 23 年 3 月まで）
＊児童相談所関係を含む
平成 9 年 9 月　厚生省「児童相談所運営指針」改訂委員会委員
　　　　　　　　　（平成 10 年 3 月まで）
平成 11 年 11 月　全国児童相談所長会調査小委員会委員
　　　　　　　　　（平成 13 年 3 月まで）
平成 16 年 12 月　厚生労働省・児童相談所援助指針検討委員会委員
　　　　　　　　　（平成 17 年 3 月まで）

3. 社会的養護政策

平成 13 年 8 月　全国里親会専門里親モデル実施調査研究委員会委員
　　　　　　　　　（平成 14 年 3 月まで）
平成 19 年 2 月　厚生労働省・今後目指すべき児童の社会的養護体制に関
　　　　　　　　　する構想検討会座長（平成 19 年 5 月まで）
平成 19 年 9 月　厚生労働省・社会保障審議専門委員・児童部会社会的
　　　　　　　　　養護専門委員会委員長（平成 29 年 10 月より社会的養育専
　　　　　　　　　門委員会委員長。平成 30 年 8 月まで）
平成 23 年 1 月　厚生労働省・児童養護施設等の社会的養護の課題に関す
　　　　　　　　　る検討委員会委員長（平成 23 年 7 月まで）
平成 23 年 8 月　厚生労働省・社会的養護施設運営指針等検討ワーキング
　　　　　　　　　全体会議座長（平成 24 年 3 月まで）

4. 障害児支援政策

平成 20 年 3 月　厚生労働省・障害児支援のあり方に関する検討会座長
（平成 20 年 7 月まで）

平成 21 年 3 月　厚生労働省・障害児施設に係る措置と契約についての勉強会委員（平成 21 年 8 月まで）

平成 22 年 4 月　内閣府・障害者制度改革推進会議総合福祉部会委員
（平成 24 年 7 月まで）

平成 26 年 1 月　厚生労働省・障害児支援のあり方に関する検討会座長
（平成 26 年 7 月まで）

平成 31 年 2 月　厚生労働省・障害児入所施設の在り方に関する検討会座長
（現在に至る）

5. 放課後児童政策

平成 19 年 4 月　厚生労働省・国としての「放課後児童クラブガイドライン」策定に関する研究会委員（平成 19 年 8 月まで）

平成 23 年 1 月　厚生労働省・児童館ガイドライン検討会委員長
（平成 23 年 3 月まで）

平成 24 年 6 月　児童健全育成推進財団・放課後児童クラブの運営内容に関する研究会座長（平成 25 年 3 月まで）

平成 25 年 5 月　厚生労働省・社会保障審議会児童部会放課後児童クラブの基準に関する専門委員会委員長（平成 27 年 4 月まで）

平成 26 年 7 月　厚生労働省・放課後児童クラブの質の向上のための研修企画検討会委員（平成 27 年 3 月まで）

平成 27 年 9 月　みずほ情報総研・放課後児童クラブ運営指針解説書（主任研究者：みずほ情報総研株式会社）検討委員会座長（平成 28 年 3 月まで）　平成 28 年 5 月　みずほ情報総研・放課後児童クラブ運営指針解説書（主任研究者：みずほ情報総研株式会社）検討委員会座長（平成 28 年 12 月まで）

平成 29 年 9 月　厚生労働省・放課後児童対策に関する専門委員会委員長

（現在に至る）

6. 少子化対策・計画行政・子ども・子育て支援政策

平成 14 年 3 月　厚生労働省・少子化社会を考える懇談会委員
（平成 15 年 3 月まで）

平成 15 年 4 月　厚生労働省・地域行動計画策定指針検討委員会委員（平成 15 年 8 月まで）　次世代育成支援地域行動計画策定委員

平成 15 年 4 月　厚生労働省・次世代育成支援施策の在り方に関する研究会委員（平成 15 年 8 月まで）

平成 20 年 7 月　内閣府・少子化社会対策推進・評価検討会議委員
（平成 22 年 7 月まで）

平成 23 年 9 月　社会保障給付費の整理に関する検討会委員
（平成 23 年 12 月まで）

＊保育関係

平成 22 年 9 月　内閣府・子ども・子育て新システム検討会議幼保一体化ワーキングチーム構成員（平成 24 年 3 月まで）

平成 25 年 4 月　内閣府・子ども・子育て会議委員（現在に至る）

平成 25 年 6 月　厚生労働省社会保障審議会児童部会認定こども園保育専門委員会委員（平成 26 年 3 月まで）

7. 統計政策

平成 12 年 12 月　「21 世紀出生児等縦断調査」に関する検討会委員
（同年 12 月まで）

平成 13 年 7 月　社会保障審議会臨時委員（統計分科会委員、平成 23 年 6 月まで）

平成 22 年 3 月　厚生労働統計の整備に関する検討会委員（平成 28 年 10 月まで）

【民間団体、地方自治体等】

8. 子育て支援政策

平成 24 年 5 月　NPO 法人子育てひろば全国連絡協議会・子育て支援コーディネーターの役割、あり方等の調査研究委員会委員長（平成 25 年 3 月まで）

平成 25 年 4 月　子育てひろば全国連絡協議会・子育て支援コーディネーター養成講座プログラム開発に関する調査研究委員会委員長（平成 26 年 3 月まで）

平成 25 年 9 月　タイム・エージェント・利用者支援事業の実施支援プログラム作成に係る調査研究委員会委員長（平成 26 年 3 月まで）

9. 社会福祉振興・試験センター

平成 6 年 7 月　社会福祉士試験委員（財団法人社会福祉振興・試験センター）（平成 12 年 6 月まで）

平成 14 年 7 月　社会福祉士試験委員（平成 16 年 7 月から試験委員会副委員長）（社会福祉振興・試験センター）（平成 21 年 6 月まで）

10. 日本子ども家庭総合研究所

平成 7 年 11 月　厚生省児童家庭局児童問題研究所のあり方懇談会委員（平成 8 年 5 月まで）

平成 9 年 4 月　社会福祉法人恩賜財団母子愛育会日本子ども家庭総合研究所子ども家庭福祉研究部子ども家庭政策研究担当部長（平成 25 年 3 月まで）

平成 25 年 4 月　社会福祉法人恩賜財団母子愛育会日本子ども家庭総合研究所客員研究員（平成 27 年 3 月 31 日まで）

11. 熊本県

平成 19 年 11 月　熊本県「こうのとりのゆりかご」検証会議座長（平成 21

年11月まで）

12. 石川県

平成18年 4 月	石川県顧問（少子化対策担当）（現在に至る）
平成21年 8 月	石川県福祉サービス第三者評価推進委員会委員長 （平成27年3月まで）

13. 浦安市

平成21年 4 月	千葉県浦安市子育て支援担当専門委員（現在に至る）
平成23年 6 月	浦安市・（仮称）児童虐待防止及び子育て家庭への支援 に関する条例制定検討委員会委員長（平成24年3月まで）
平成23年11月	浦安市復興計画検討委員会委員（平成24年3月まで）
平成25年 7 月	浦安市子ども・子育て会議副委員長（令和元年6月まで）

14. 東京都

平成12年 2 月	東京都児童福祉審議会臨時委員（平成12年2月より審議 会委員、平成10年4月より権利擁護部会副部会長、平成14 年5月より副会長・権利擁護部会長）（平成16年5月まで）
平成22年11月	東京都次世代育成支援計画評価懇談会委員長（平成27年 3月まで）
平成23年11月	東京都次世代育成支援行動計画懇談会会長（平成27年3 月まで）
平成22年11月	東京都児童福祉審議会専門部会委員（平成22年12月か ら専門部会委員長・平成23年児童虐待防止専門部会副部会 長・平成24年9月まで。児童福祉審議会委員は現在に至る。 平成25年6月から社会的養護専門委員会副部会長。平成26 年9月まで）（平成26年12月から副会長。現在に至る）。平 成29年7月から専門部会長（平成30年11月まで）。平 成31年2月から専門部会長（現在に至る）
平成25年 9 月	東京都子供・子育て会議副会長・計画策定部会長（現在

に至る）・幼保連携型認定こども園基準検討部会副部会長（平成 26 年 9 月まで）（平成 27 年 9 月から会長。現在に至る）

15. 千葉県

平成 11 年 2 月　千葉県児童環境づくり推進協議会委員（平成 12 年 12 月まで）

平成 12 年 7 月　千葉県社会福祉協議会・千葉県運営適正化委員会委員（苦情解決部会）（平成 14 年 6 月まで）

平成 12 年 12 月　千葉県「少子化への対応を推進する千葉県民会議」委員（平成 13 年 7 月から同 14 年 3 月まで専門委員会委員長、平成 14 年 7 月から県民会議委員長）（平成 16 年 3 月まで）

平成 13 年 9 月　千葉県市川児童相談所基本構想策定懇話会委員（平成 13 年 10 月まで）

平成 16 年 12 月　千葉県・児童虐待困難事例対応マニュアル及び児童虐待対応マニュアル・アドバイザー（平成 17 年 3 月まで）

平成 17 年 3 月　千葉県・次世代育成支援対策を推進する千葉県民会議会長（平成 20 年 3 月まで）

平成 18 年 10 月　千葉県児童相談所子ども虐待対応マニュアル・アドバイザー（平成１９年 3 月まで）

平成 17 年 6 月　千葉県社会福祉審議会児童福祉専門分科会臨時委員（社会的養護検討部会委員、児童虐待死亡事例検証委員会委員長〔平成 19 年 11 月まで〕、社会的資源あり方検討委員会委員長〔平成 19 年 3 月まで〕）（平成 21 年 3 月まで）

平成 19 年 10 月　千葉県児童虐待対応専門委員（平成 22 年 3 月まで）

平成 21 年 6 月　千葉県県立児童福祉施設のあり方検討委員会委員（平成 21 年 9 月まで）

16. 全国社会福祉協議会

平成 24 年 3 月　全国社会福祉協議会・新たな子ども家庭福祉の推進基盤

の形成に向けた取り組みに関する事業検討委員会委員長
（平成 26 年 10 月まで）

平成 25 年 7 月　全国社会福祉協議会・福祉サービスの質の向上推進委員
会常任委員会委員（平成 27 年 9 月から副委員長）

平成 18 年 10 月　全国保育協議会専門委員・保育施策検討特別委員会委員
（現在に至る）

17. 流山市

平成 25 年 6 月　流山市子ども・子育て会議会長（現在に至る）

平成 27 年 6 月　流山子育てネット顧問（現在に至る）

18. 社会福祉法人興望館

平成 6 年 4 月　社会福祉法人興望館評議員（平成 25 年 6 月まで）

平成 25 年 6 月　社会福祉法人興望館理事（現在に至る・平成 29 年 6 月か
ら理事長）

第 2 章

厚生行政の審議会等の振り返り

平成期の子ども家庭福祉（審議会等報告）

［Ⅰ　保育関係］

1　中央児童福祉審議会臨時委員として規制改革への関わり

　保育関係には、石井哲夫氏からの指示で関わるようになりました。1997（平成9）年10月に中央児童福祉審議会臨時委員（保育部会）に所属することとなり、2000（平成12）年12月まで務めました。この時期の大きな出来事は、保育所をめぐる規制の緩和が始まったことでした。

　1997（平成9）年、児童福祉法は50歳を迎えました。そのこともありましたが、児童福祉法制定当初から続く子ども家庭福祉行政基礎構造が時代の変容に追い付かず、保育問題など様々な課題が山積していたときでした。厚生省が設置した保育問題検討会が報告書を提出したのは、1994（平成6）年1月で、私がまだ厚生省に在籍していたときでした。私はこの問題にはほとんどかかわりをもってはいませんでしたが、行方はとても気になっていました。普遍化が求められる保育政策の転換を占う検討だったからです。報告書は、今後の保育所制度のあり方として、措置制度を堅持したうえでの拡充方式と措置入所と契約入所との併用方式の両論を併記しており、そのあり方に関する検討を今後の課題として先送りすることとなりました。

　したがって、同年末の緊急保育対策等5か年事業は、当面の体制の改革に踏み込まないまま、多様な保育ニーズに対応する施策の量的拡充を図るものでした。しかし、エンゼルプラン及び緊急保育対策等5か年事業には「……

保育所制度の改善・見直しを含めた保育システムの多様化・弾力化を進める」との記述がみられており、この問題は今後の重要課題として認識されていたことを示しています。

こうした動向のなか、1997（平成9）年に「児童福祉法等の一部を改正する法律」が成立しました。こうして、児童福祉法制定50周年を機に、児童福祉法の大きな改正が行われました。いわゆる「保育の実施方式」の導入も決まりました。私は、それがひと段落して保育の実施方式に落ち着いて、それが成立した時期から中央児童福祉審議会に関わることとなりました。

この年に、日本総合愛育研究所の改組によって新たに生まれた日本子ども家庭総合研究所の子ども家庭政策研究担当部長（非常勤）として勤務することになった私は、さっそく、この改正児童福祉法の次に進めるべき改正児童福祉法案の姿を研究報告（1997）[1] として公表しました。そんなとき、石井氏から、「保育制度分野には若手の研究者が少ない。だから、その分野に関わってほしい」と話がありました。私は児童相談のフィールドをベースに子ども家庭福祉サービス供給体制のあり方研究を進めていこうと決めていたのでためらいもありましたが、保育制度改革はサービス利用のあり方検討としては格好のフィールドとなるため、あまり保育のことはわからないままにこの分野に足を踏み入れることとなりました。

この分野で、当時、お世話になった研究者としては、石井哲夫、網野武博、増田まゆみ、民秋言の各氏がいました。他には、汐見稔幸、無藤隆、秋田喜代美の各氏など幼児教育関係研究者もいました。後者の3氏は、いずれも大学時代の先輩並びに後輩です。保育政策については、社会保障関係の研究者が多かったように思います。

審議会委員として最初に出会った大きな出来事としては、児童福祉施設最低基準の保育関係基準の緩和がありました。1998（平成10）年度から短時間勤務保育士（1日6時間又は月20日未満勤務）の導入が認められ、短時間勤務保育士の配置の上限が保育士定数の2割までとされました。なお、2002（平成14）年度からは、この上限の規制が撤廃されました。また、1998（平成10）年度から、年度当初からの定員超過も認められるようになりました。こ

の後も、人、設備等にまつわる多くの規制緩和[2]によって、子どもが保育所等に詰め込まれることとなり、保育に混乱をもたらすことになりました。これらの規制緩和事項は、主として、総合規制改革会議、地方分権推進会議等からの提案に基づき、議論が始まっていました。つまり、主として外部からの指摘、提案により審議会の俎上に上っていくことが多く、その意味では後追い、守りの姿勢が強かったと思います。

　こうした検討が審議会で議題になり、保育現場ではそれらに反対する葉書が委員に大量送付され、私は、大学から不審がられました。それらの規制緩和は、いわば外圧として規制改革会議等から押し寄せてきました。これらに対して、審議会はあまりなすすべはなかったように思います。私も、規制緩和の保育の質に対する影響について意見を述べましたが、明確なエビデンスの積み重ねがない状況ではどうにもならなかったように思います。今でも、明確なエビデンスの積み重ねは少ないように思っています。

2　保育所保育指針検討小委員会委員、　　保育士養成課程検討委員会委員

　1998（平成10）年10月、保育所保育指針検討小委員会委員（中央児童福祉審議会）（1999〔平成11〕年6月まで）として、保育所保育指針の改訂案づくりに携わることとなりました。このときはじめて、保育所保育の内容に接することとなりました。当時は、保育所保育指針は、保育界においていわば保育原理の根幹のように考えられており、行政通知の一つと考えていた私は、この小委員会でいくつかの地雷を踏むこととなりました。

　詳しくは覚えていませんが、保育所保育指針は保育学研究者にとっては重要な「原理」であり、たとえば、「当番」といった用語にも背後に保育実践の積み重ねがありました。それらを踏まえずに発言すると、「当番」がここに入った経緯には○○があると意見されることもありました。こうしたことについて、後からていねいに教えてくださったのが、網野武博氏や増田まゆみ氏でした。私は保護者支援、子育て支援の章を主として担当し、原案執筆

にも携わりました。

　保育指針が局長通知として発出されると、それを受けて、保育士養成課程改正が行われることとなりました。そのため、2000（平成12）年9月には、厚生省保育士養成課程等検討委員会委員（2001〔平成13〕年3月まで）を拝命し、養成課程の改訂案づくりを行いました。私が直接に関わった点は、「家族援助論」の創設と「社会福祉援助技術」の名称・内容変更に係る部分でした。家庭を視野に入れた保育をめざし、そのためのスキルとしてソーシャルワークを入れた点が特徴となっています。「社会福祉援助技術」が当時の改正保育士養成課程に入ったのは、保育士資格法定化により、保育指導が保育士の業務として法定化されたことが大きかったと思います。

3　保育士資格の法定化

（1）保育士資格の法定化

　続いて私が深く関わったのは、保育士資格の法定化でした。保育士資格の法定化の歴史的経緯については拙著『子ども家庭福祉サービス供給体制—切れ目のない支援をめざして』「第13章　子ども家庭福祉専門職の課題—保育士資格の法定化と保育士の課題」（誠信書房、2008）などをご参照いただきたいのですが、長年の懸案だった保育士資格の国家資格化が突如として浮上したのが、このときでした。保育士資格法定化は、第153回臨時国会に議員提案され、2001（平成13）年11月30日に制定公布された児童福祉法の一部を改正する法律に基づきます。

　保育士資格の法定化の契機として、上述の認可外保育施設における乳幼児死亡事故[3]やその事故を起こした認可外保育施設の所長による保育士資格の詐称問題がありました。むろん、当時は保育士の名称独占規定はなかったので「詐称」の表現は当たりませんが、保育士の名称独占規定がないことが大きな課題として挙げられました。

　実は、その前のことですが、2000（平成12）年11月4日付朝日新聞論壇に、私は、『「保育士」の資格を法定化せよ』と題する意見を提起していまし

た。これを契機に、認可外保育施設の在り方について議論していた議員立法関係者が保育士資格の法定化に取り組んでいただくこととなったと記憶しています。

　その後、政府、具体的には厚生省保育課から保育士資格の法定化について私に問い合わせがあり、その必要性を回答しました。それから、2001（平成13）年になってからのことと思いますが、特に当時の保育課西川隆久法令補佐とのやり取りが開始されることとなりました。私は、認可外保育施設の経歴詐称問題に対応するだけでなく、この際、保育士資格を介護福祉士と同様の国家資格にすべきと考えていました。そのため、保育士資格の法定化の論理を名称独占のみにとどめず、もっと幅広い必要性を提起すべきと考えていました。

　保育士資格の法定化に当たって、私は次の2点が重要と考えていました。第一は、独自の資格法が必要ということ。具体的には社会福祉士及び介護福祉士法に保育士を入れ、三軒長屋方式にして、社会福祉士及び介護福祉士並びに保育士法としてはどうかと考えていました。いわば保助看法方式です。児童福祉法のなかでの法定化では、保育士は子ども家庭福祉という狭い世界に閉じ込められることとなり、医療チームでの活躍やたとえば玩具店などで保育士として活躍することが制限されざるを得ないと考えていました。第二は、介護福祉士並びの法定化を考えていましたので、「児童の保護者に対する保育に関する指導」業務を追加することでした。それはソーシャルワークやカウンセリングとは別の専門性であり、介護福祉士のようなケアワーカーとしての親支援の業務を法定化のなかに入れることでした。

　第1点目は、あっさりと挫折しました。政府は、当初、児童福祉法に、児童福祉法施行令第13条の「児童福祉施設において児童の保育に従事する者を保育士といい、……」をほぼそのまま法定化することにしていたようです。何とか働く場所の規定を削除することができましたが、児童福祉法に規定する国家資格ということは変わりませんでした。また、登録も都道府県とされ、これまでの養成や登録システムもほとんど変更しないままの資格化となりました。なので、国家試験も免除されたままの資格が続くこととなりました。

続いて、「児童の保護者に対する保育に関する指導」業務については、西川補佐とずいぶんメールのやり取りをした記憶があります。その業務の内容や特性、ソーシャルワークとの違いなどを文章化しながら、しばらくぶりで厚生省児童福祉専門官時代の仕事の仕方を想い出し、楽しかったことを記憶しています。保育に関する指導を保育指導と呼び、介護福祉士が介護の仕方を介護者に教えているように、保護者に子どもの養育や遊び、成長への支援のための指導を行う業務、たとえば、離乳食のつくり方や子どもの遊びの展開の仕方、けんかへの介入の方法、保育所での子どもの成長の伝達や解説などを想定していました。これらの経験を通しての学びは、保育士資格法定化後の「新しい保育士の在り方」を全国に広めるために大きな糧となりました。

　2人でかなりぎりぎり詰めましたが、西川補佐から保育士の定義については「すんなり通った」と報告いただき、なんだか肩透かしを食らったような気持ちと素直にうれしかったことを記憶しています。

(2) 新しい保育士の在り方

　そんな経過で、2001（平成13）年改正児童福祉法に保育士資格法定化が盛り込まれることになりました。法定化後は、2002（平成14）年度から全国で展開された厚生労働省の「新しい保育士のあり方に関する研修会」講師として、「新しい保育士のあり方」について講義を行って回りました。「新しい保育士のあり方」は私が執筆し、厚生省がチェックしました。研修会テキストは厚生労働省（2002）『新しい保育士のあり方に関する研修会資料』で、そのなかに収載されました。そして、それを各ブロック研修会で、私が話しました。その内容は、その後、拙著『子育て支援と保育者の役割』（フレーベル館、2003）第5章「保育資格の法定化と子育て支援」（一部掲載）にまとめました。ここでは、保育士の倫理についても述べ、倫理綱領の策定の必要性についても提起しています。

(3) 全国保育士会倫理綱領の策定

　倫理綱領策定の必要性を全国に訴えたこともあり、全国保育士会が、2002

（平成 14）年 9 月に全国保育士会倫理綱領検討特別委員会を立ち上げ、私が委員長に就任しました。委員会では、日本介護福祉士会倫理綱領、日本社会福祉士会倫理綱領（旧版）をモデルにして、前文と 8 か条の倫理綱領案を策定し、全国保育士会会員の意見を吸い上げつつ、2003（平成 15）年 2 月に、全国保育士会倫理綱領を策定しました。この倫理綱領は、同時に全国保育協議会が保育所の倫理綱領として採択[4]し、今に至っています。

さらに、倫理綱領ガイドブックも作成することとなり、私の解説と、倫理綱領の各条文の解説と各条文を現場の保育に落とし込むための事例を収めた柏女霊峰監修、全国保育士会編「全国保育士会倫理綱領ガイドブック」（全国社会福祉協議会、2004）を 2004（平成 16）年 1 月に作成しました。これを受け、この後の 1 年間は、全国保育士会倫理綱領の説明に全国を回りました。そのなかで多くの優れた保育士たちに出遭い、保育や保護者支援についての学びを得ました。

4　総合施設の検討

その頃、並行して、社会保障審議会児童部会委員として、就学前の保育・教育 を一体として捉えた一貫した総合施設について（審議のまとめ）づくりに携わることとなりました。それは、社会保障審議会児童部会と中央教育審議会幼児教育部会の合同の検討会議で行われることとなり、私は児童部会委員として参画しました。報告書は、2004（平成 16）年 12 月に公表されました。これは、同年から検討を開始したいわゆる総合施設のあり方に関する標記合同部会の審議のまとめです。私は児童部会委員として審議に参画しました。ちょうどその頃、当日の小泉内閣の下で中央省庁の課長級の 1 割を対象として、調整力の強化を狙いとする多府省庁の交流人事が始まり、幼稚園と保育所の一元化に関係する文部科学省と厚生労働省などで人事交流が開始されました。2006（平成 18）年 7 月に文部科学省から来られた義本博司保育課長（2006 年から確か 2 年間）が最初でした。

この議論は、2005（平成 17）年のいわゆる認定こども園法に結びついてい

第 2 部　平成期の子ども家庭福祉（2）

くわけですが、これは、保育制度改革の一環であると同時に、子ども家庭福祉の世界に公的契約制度を持ち込む契機とすることに大きな意義があったとみるべきでしょう。私の関心は、そこにありました。子ども家庭福祉の世界に、初めて公的契約制度が導入されたのです。子ども家庭福祉にとっても、エポックメイキングな出来事であったといえるでしょう。同じ年には、障害児福祉について支援費制度の導入が決まりました。そして、障害児通園施設の利用形態が支援費制度として公的契約制度になることになりました。

　私はこのことについて、わが国の江戸時代の鎖国政策に倣い、欧米列強（高齢者福祉や障害者福祉）の制度改革、台頭を受けて、わが国（子ども家庭福祉）に開国の港ができつつあると形容しました。そして、これからの時代を明治維新前夜とし、「子どもの最善の利益を第一に考える鎖国継続派と、時代のニーズに合わせてリニューアルを図ることを重視する開国派との和解と止揚による新しい子ども家庭福祉の創造」を提言してきました。私自身は、どちらかと言えば開国派で、その上で、子どもの最善の利益を重視する補完システムを用意すべきと考えていました。たとえば、子どもの意向をくみ取る専門性の確保や愛着関係を重視する月額単価などのシステムは必要と考えていました。この改革がうまくいったか否かは、まだまだ検証途上にあるのではないかと思っています。

5　保育所保育指針改定と保育士養成課程の改正

　2008（平成20）年の保育所保育指針改定に向け、2006（平成18）年12月に厚生労働省・保育所保育指針改定に関する検討会委員（2008〔平成20〕年3月まで）を務めることとなりました。また、同時並行で、2007（平成19）年9月厚生労働省・保育所保育指針改定に関する検討会ワーキンググループ委員（2008〔平成20〕年3月まで）もあわせて務めることとなりました。

　さらに、2005（平成17）年10月から中央教育審議会専門委員（初等中等教育分科会、教育課程部会幼稚園専門部会）（2010〔平成22〕年3月まで）にも関わることとなり、同じく同時並行で、2006（平成18）年10月、文部科学省・

幼稚園教育要領の改善等に関する調査研究会議委員（2008〔平成20〕年6月まで）に参加することとなりました。

　これらと並行して、2006（平成18）年12月には文部科学省・子育て支援に関する研修プログラム作成協力者会議委員（2008〔平成20〕年3月まで）として関わることとなり、幼稚園の地域子育て支援研修のプログラムの作成に携わりました。そのなかで、幼稚園の子育て支援は家庭教育の視点が強く、保護者に対して子育ての喜びを感じるような支援を行うこと、親の育児力のアップをめざすこと、親の幼稚園行事参加をめざすことなどがいかに強いかを実感しました。

　こうして、保育所保育指針と幼稚園教育要領の改定に同時に携わることとなりました。この頃は、かなり審議会委員等として忙殺されていた気がします。両方の委員を兼務する委員としては、私のほか無藤隆氏と秋田喜代美氏、それに現場の渡辺秀則氏などがおり、両指針・要領の整合性の確保に意を用いることとなりました。

　私は主として養護、福祉の側面から整合性を図ることを意識しました。被虐待児童の発見と通告関係、障害児支援関係などです。また、地域子育て家庭支援にも関わることとなりましたが、文科省と厚労省のスタンスの違いに戸惑いも大きく感じました。ごく簡単に言えば、厚労省の視点は「寄り添い」であるのに対して文科省の視点は「教育的」でした。たとえば、「保護者の意向の受けとめ」が保育所保育指針にはあっても幼稚園教育要領にはない、教育要領にみられる「保護者が子育てを楽しめるよう支援など……」などの表現が代表的です。なお、2018（平成30）年度からの指針、要領の改定においては、福祉の視点から教育の視点への転換がみられたことを残念に思っています。

　2008（平成20）年度施行の保育所保育指針の私が考える最大のポイントは、保育士資格の法定化によって新たに保育士の業務として規定された「児童の保護者に対する保育に関する指導」業務（以下、「保育指導」）をどのように記載するかにありました。私は「保育所保育指針改定に関する検討会ワーキンググループ委員」としては第6章保護者支援のグループに入りました。そ

こで、網野武博氏、橋本真紀氏などとともに、第6章の具体的案の執筆を行うこととなりました。

そこでは、2000（平成12）年の保育所保育指針の記述内容を受け継ぎつつも（平成12年の保育指針の子育て支援部分も網野氏とともに原案を執筆していました）、保育指導業務を「保育士の専門性を生かした保護者支援」と規定し、ソーシャルワークやカウンセリングとは別の専門性とすることに意を用いていました。すでにお話ししたように、保育士資格の法定化に当たって、保育士業務を保育と保育指導と提案したのは私でしたし、その専門性を可視化することに強い意志を持っていました。

この検討のさなか、2008（平成20）年度施行の保育所保育指針を受けて保育士養成課程が改訂されましたが、当時の保育課天野珠路保育指導専門官と網野武博氏に、この保育指導技術を保育士養成科目に入れることを主張し、結果として「保育相談支援」として1単位入れていただきました。保育士の専門性を生かした保護者支援業務の専門性が正式に目を出したときでした。

しかし、それは十分に定着せず、2018（平成30）年の改訂保育所保育指針に伴う保育士養成課程改訂（2019〔平成31〕年度入学生より適用）においては、「保育相談支援」の名称と中身が消え去ろうとしていることに危機感を抱きました。私は委員ではなかったので、内閣府・子ども・子育て会議で発言し、シラバスにだけでも保育相談支援の内容と名称を残すように主張しました。その後、保育士養成課程等検討会に出された最後のシラバス案から変更されて、シラバスの目標のなかに、保育相談支援の用語が入っていることを確認しました。しかし、この科目は、保育士養成課程科目のなかでもコアとなるべき7科目[5]の一つであり、保育士の保護者支援の専門性を担保する科目として残すことが必要であったことは言うまでもありません。

このほか、2018（平成30）年の養成課程改訂では「相談援助」の科目も廃止されており、養成課程における福祉的視点の弱体化は、今回の指針改訂の特徴である教育の重視と裏腹の関係であり、児童福祉施設である保育所と幼保連携型認定こども園にとっての将来に禍根を残す改訂であったということができるでしょう。

6 幼児教育の無償化

同時期に幼児教育の無償化が政治マターとなり、2008（平成20）年5月に、文部科学省・今後の幼児教育の振興方策に関する研究会（2009〔平成21〕年3月まで）が開催され、私も委員になりました。2009（平成21）年5月に「幼児教育の無償化について」と題する中間報告が取りまとめられ、幼稚園、保育所等に通園する3-5歳児の保育料の無償化やその際の仕組みを提言しています。主導したのは当時の与党だったと思います。幼稚園業界からの働きかけもあったのではないでしょうか。報告書は、文科省主導で進められました。厚労省はついていったという感じでした。なので、障害児通所支援の無償化には、障害保健福祉部で考えるべきことと、私から言わせれば、突き放された感じを持ちました。認可外の無償化も主張したのですが、認められませんでした。

この中間報告書を出した後、民主党政権になったこともあり、しばらくお蔵入りすることとなりました。しかし、しっかりした報告書になったと思っており、現在の幼児教育・保育無償化の検討に引き継がれていきました。

7 子ども・子育て新システムから子ども・子育て支援新制度へ（保育関係）

子ども・子育て支援制度創設の提言は、2003（平成15）年8月に厚労省研究会・次世代育成支援施策の在り方に関する研究会が公表した報告書『社会連帯による次世代育成支援に向けて』が嚆矢です。私も委員として参画し、大きな学びとなりました。サービス利用の在り方はともかく、こども保険や財源への関心など、子ども家庭福祉供給体制の在り方を考える幅を広げる大きな転換期になりました。その内容は、以下のとおりです。

報告書は、社会連帯による子どもと子育て家庭の育成・自立支援」を基本理念として、新たな「次世代育成支援システム」の構築を図るものであった。いわば、保育サービス整備への介護保険モデルの援用を提言するものといってよい。すなわち、具体的には、近年の保育所利用者の普遍化、介護等周辺分野における改革の動向を踏まえ、「市町村が自らあるいは委託という形態で行う現行の仕組みを見直し、子の育ちに関する市町村の責任・役割をきちんと確保しつつ、保護者と保育所が直接向き合うような関係を基本とする仕組みを検討する」ことを提案している。

　また、現行システムの見直しにあたっては、市町村が引き続き負うべき責任・役割として保育の供給体制の整備やその質の向上を図るとともに、保育所利用の必要性や優先度の判断などに関する新たな仕組み（要保育認定）を導入し、その実施にあたることが必要であるとしている。現行の市町村委託方式に代えて、市町村の公的責任を①基盤整備と②要保育認定という新たな形で再編成し、そのうえで、利用者と保育所とが当事者として直接向き合う仕組みをめざすこととしたのである。市町村の責任・役割を確保しつつ、保護者と保育所とが当事者意識を共有して「共に育てる」仕組みの創設を提言しているのである。

　また、財源としても、「現在、給付ごとにおのおの異なっている子育て支援施策の財源構成について、効率化を図りつつ全体的に抜本的な強化を図る観点から、財源の統合を検討すべき」とし、その費用負担についても、「社会連帯の理念に基づき、「共助」の視点から、すべての国民が分担していくことを基本とする仕組みが考えられる。」としている。まさに、社会連帯の視点に基づく提言であり、現行の子ども・子育て支援制度の原型をここにみることができるのである。

(柏女霊峰〔2015〕「第9章　子ども・子育て支援制度の意義と今後の課題」『子ども・子育て支援制度を読み解く──その全体像と今後の課題』誠信書房、pp.149-150)

この提言は、社会連帯の視点に基づく財源徴収の仕組みとしていたこともあり、その後の社会保険庁問題等の影響もあったのか、しばらくは深く検討がなされないままになっていました。研究会の事務局の代表は渡邉芳樹審議官で、私の妻と芳樹氏の妻が東京大学教育学部教育心理学科の同級生で、私も大学に5年いましたので、結果的に同級生となっていました。渡邉氏は、研究会打ち上げの最後のあいさつで、「実現にはもうしばらくお時間をいただくことになりますが、……」とお話されていたことが忘れられません。

2007（平成19）年12月、厚労省は、この報告書を受け継ぎ、2009（平成19）年、社会保障審議会に少子化対策特別部会を設置して、本格的に検討を始めることとなります。私も、この部会に参考人として呼ばれて意見陳述しました。

さらに、私は、2009（平成21）年7月に、社会保障審議会少子化対策特別部会保育第一専門委員会専門委員（2010〔平成22〕年12月まで）を拝命します。そして、再び、この検討に参加していくこととなります。専門委員会に参加して驚いたのは、大日向雅美委員長が私たち委員と対峙し、委員長の両隣を香取照幸審議官以下官僚が取り囲んでいたことです。それは、内閣府子ども・子育て会議も同様です。私はこのことに大きな違和感を抱きました。審議会は、政府が政策を立案するときに、民間や有識者の意見を取りまとめてもらうために設置運営するものです。その責任者である委員長を官僚が囲み、発言や進行に耳打ちするような運営方法は、審議会の形骸化を生むこととなります。一度、会議終了後に官僚におかしいと言いましたが、変わりませんでした。

この委員会は、このことでもわかる通り終始官僚ペースで進められ、2009（平成21）年12月に事務局とりまとめである「議論のまとめ」で突然終わりを告げることとなりました。同年9月に民主党政権が誕生していたこともあり、新たな枠組みで検討していくことになったためと思われます。

そして、始まったのが、2010（平成22）年1月に立ち上げられた「子ども・子育て新システム検討会議」[6]であり、同会議は6月には、少子化社会対策会議において「子ども・子育て支援新システム基本制度案要綱」を決定

します。その後、舞台を内閣府に移した子ども・子育て新システム検討会議作業グループに、ステークホルダーが参画する基本制度ワーキングチーム、幼保一体化ワーキングチーム、こども指針（仮称）ワーキングチームが2010（平成22）年9月から順次開催され、2012（平成24）年2月の子ども・子育て新システムに関する基本制度とりまとめに至ります。

　私は、2010（平成22）年9月に内閣府・子ども・子育て新システム検討会議幼保一体化ワーキングチーム構成員（2012〔平成24〕年3月まで）となり、「幼保一体化ワーキングチーム」に参画していました。取りまとめは法案化されて国会に提出され、国会修正を経て、政府提出案とはかなり異なったシステムとして子ども・子育て支援新制度が創設されました。主たる改正点並びにその背景としては、これまで保育所だけが念頭に置かれていたのに民主党政権下で幼稚園を入れたために反対意見が強くなり、幼稚園業界の強い働きかけで修正が進められたこと、一部の保育所業界の強い反対で保育所利用が保育の実施制度のまま残ったこと、また、保育所は全て総合こども園になる予定だったのが、保育業界の要請もあり自主的移行制度に変わったこと、株式会社を学校から排除したこと、などが挙げられます。

　そして、子ども・子育て支援関連3法設立後は、内閣府に子ども・子育て会議が設置され、2013（平成25）年4月に「内閣府・子ども・子育て会議委員」（現在に至る）となり、私も委員として参画していくこととなり現在に至っています。

8　幼保連携型認定こども園教育・保育要領の策定

　途中、2013（平成25）年6月には厚生労働省社会保障審議会児童部会認定こども園保育専門委員会委員（2014〔平成26〕年3月まで）、同年8月には幼保連携型認定こども園保育要領（仮称）の策定等に関する調査研究協力者会議委員（2014〔平成26〕年3月まで）をそれぞれ務めることとなり、幼保連携型認定こども園教育・保育要領の策定に携わることとなります。文部科学省にも同様の会議が設置され、いわゆる二枚看板方式で、会議は合同会議の

方式で実施されました。しかし、この会議は保育所保育指針、幼稚園教育要領の策定に携わった委員全員が参画することになったこともあり、報告書を提出しただけで、あまり意味のある会議にはなりませんでした。私は意見書をほぼ毎回提出し意見を述べましたが、意見を言っても取りまとめ報告書案の内容には反映されず、もともと形だけの会議であった気がします。教育色の強い要領になったと思います。

そして、要領並びにその解説書は、そのほとんどが役人によって執筆され、幼稚園教育要領と保育所保育指針のいわば切り貼りのような形になってしまいました。幼保連携型認定こども園の創設によりわが国は幼保一元化に踏み出したわけであり、本来ならば、この要領にこそ力が注がれてもよかったのではないかと思います。なお、私は、この要領案のパブリックコメントに対して意見を提出しています。しかし、要領案の修正もなされませんでした。

そして、保育所保育指針、幼稚園教育要領が先行して作成され、幼保連携型認定こども園教育・保育要領がそれらの切り貼りで作成されるという方法は、2018（平成 30）年度施行の幼保連携型認定こども園教育・保育要領、幼稚園教育要領、保育所保育指針においても踏襲され、こども園要領が主体となることはありませんでした。

子ども・子育て支援法が施行されると、内閣府に子ども・子育て会議が設置され、私は委員として参画していくこととなります。2013（平成 25）年4月から、内閣府・子ども・子育て会議委員（現在に至る）として参画しています。そのなかでの私の思いについては、折に触れて意見書を提出したり、発言をしたりしています。その内容は、主として、福祉の視点や供給体制再構築の視点からの発言が多くなっています。

［注］
1）研究報告は、柏女霊峰（1997）『第 15 章　児童福祉法等一部改正要綱試案（第一次版）』として、柏女霊峰『児童福祉改革と実施体制』ミネルヴァ書房に収載。
2）2000（平成 12）年度から、いわゆる地域主権一括法ならびに厚生労働省通知により認可保育所の設置主体制限の撤廃が行われ、株式会社や農協、生協、その他 NPO 等

も、認可保育所の設置が可能となった。さらに、公設保育所の運営委託先制限も撤廃され、PFI 方式や指定管理者制度の導入等により、公設公営保育所の民営化や民間移譲は大きく進んでいる。

①「人」に関する規制緩和

・待機児解消、年度途中の産休・育休明けの児童受け入れのため、最低基準の遵守を原則としつつ、定員とかかわりなく受け入れが許容された。

・一定の要件のもとで、最低基準上の保育士定数に、短時間勤務保育士を充てることが容認された。

・保育所の最低定員が 30 人から 20 人に引き下げられた。

②「設備」に関する規制緩和

・保育所の調理業務について、施設内の調理室における委託調理が容認された。なお、3 歳以上児については給食の外部搬入も容認された。

・都市部等単独の保育所の設置が困難な地域において、本園と連携を図った分園方式が導入された。

・土地・建物について、賃貸方式が容認された。

・児童福祉施設の設備及び運営に関する基準における保育所の 0 ～ 1 歳児の面積基準が、一定の市においては標準とされた（2012（平成 24）年度から 3 年間の措置であったが、2015（平成 27）年度以降も継続）。

　このほか、2016（平成 28）年度からは、保育所、幼保連携型認定こども園における保育士、保育教諭の配置に必要な人数のうち一定割合を、小学校教諭や子育て支援員等に代えること（みなし保育士）ができるようになっている。

3）2001（平成 13）年 6 月、神奈川県大和市の認可外保育施設で起きた園長による乳児虐待死事件などが代表的である。

4）倫理綱領策定のプロセスについては、柏女霊峰（2003）「保育士の責務と倫理」全国保育士会編『保育士会だより193』全国社会福祉協議会全国保育士会、などを参照。

5）法令に基づく保育士の 3 つの業務は、①就学前の児童の養護と教育が一体となった保育、②18 歳未満の児童の保育・養育・養護・育成支援・発達支援など（チャイルド・ケアワーク）、③児童の保護者に対する保育に関する指導であり、そのそれぞれに固有の科目は①保育原理、保育内容総論、②社会的養護Ⅰ、社会的養護Ⅱ、障害児保育、③子ども家庭支援論、子育て支援（保育相談支援）の 7 科目であると考えられる。

6）大臣、副大臣、政務官を中心とするいわゆる政府内の政治家による会議であり、外部委員は構成メンバーとはなっていない組織である。このもとに、ワーキンググループが設置され、そこにはステークホルダーや研究者等が構成員として参画した。

［Ⅱ　児童虐待防止関係］

1　児童虐待防止政策への関わり

　私が国の審議会、検討会等で児童虐待防止政策の立案に直接関わりを持つことになったのは、1997（平成9）年9月に厚生省「児童相談所運営指針改訂打合せ会議」委員（1998〔平成10〕年3月まで）になったのが始まりでした。児童福祉法制定50周年の記念の年に当たる1997（平成9）年の改正児童福祉法を受けて、児童相談所運営指針の改訂に携わりました。児童相談所運営指針の全面改訂通知は1990（平成2）年3月になされており、当時、私はその改訂を児童福祉専門官として中心的に進めたので、同指針には大きな愛着と思い入れを持っていました。

　その打合せ会議は、1998（平成10）年4月に「厚生省子ども虐待対応の手引き編集委員会委員」（1999〔平成11〕年3月まで）として引き継がれました。そのときは、子ども虐待対応の手引きの作成全体に委員の一員として携わりました。研究者のほか、児童相談所長、弁護士、保健師、児童養護施設長、厚生省専門官などで編集委員会を構成し、議論のうえ執筆者を選定して作成しました。このときの編集委員長は、高橋重宏氏でした。そのなかでは、1997（平成9）年改正児童福祉法により制度化された「児童福祉審議会の意見聴取」に関する部分を執筆しました。

　本制度ができると同時に、私は東京都の児童福祉審議会権利擁護部会に関わるようになったため、そこでの経験をもとにして、この部分について執筆を行いました。東京都では、通算して10年間、権利擁護部会の委員長等を務め、ちょうど300事例の諮問を受けて検討を行いました。

　なお、2000（平成12）年7月には、同手引きと児童相談所運営指針改訂に際し、「厚生省・『児童相談所運営指針』及び『子ども虐待対応の手引き』の改定に向けた検討会委員」（2000〔平成12〕年11月まで）として再び関わることとなりました。

　その後、要保護児童対策地域協議会が法定化後は、2004（平成16）年12

月に「厚生労働省・子ども虐待対応の手引き改訂検討委員会委員」（2005〔平成17〕年3月まで）、厚生労働省・児童相談所運営指針検討委員会委員（2005〔平成17〕年3月まで）として、手引きの改訂や児童相談所運営指針の改訂、要保護児童対策地域協議会設置・運営指針や市町村児童家庭相談援助指針などの策定に関わっていくことになりました。

2　2004（平成16）年改正児童福祉法、児童虐待防止法

　児童虐待防止対策の政策立案に本格的に携わることとなった契機は、2001（平成13）年7月に「社会保障審議会臨時委員（統計分科会委員。2011〔平成23〕年6月まで）となり、その後、同年12月から児童部会委員（2009〔平成21〕年11月まで）になったことに始まります。特に、その1年後、2002（平成14）年12月に、「社会保障審議会児童部会児童虐待の防止等に関する専門委員会委員長」（2003〔平成15〕年6月まで）になったことが大きな契機となりました。

　この専門委員会の委員長になった経緯は、次のようなことだったのではないかと推測しています。私が、児童相談所運営指針や子ども虐待対応の手引きの策定や改定に携わるなかで、当時の子ども虐待防止対策の理論的牽引者であった高橋重宏氏が厚生省審議会委員からはずれ、代わりにかつて企画課専門官をしており、日本子ども家庭総合研究所子ども家庭政策研究担当部長をしていた私に白羽の矢が立ったではないかと思います。その頃、子ども虐待対応に関する厚生科学研究をしており、『子ども虐待とソーシャルワーク実践』（ミネルヴァ書房、2001）を編著として発刊していたことも大きかったと思います。

　この審議会では2004（平成16）年改正児童福祉法、改正児童虐待防止法の原案づくりにまい進しました。これは、改正児童虐待防止法においては、児童虐待の定義の見直し（同居人による虐待を放置することもネグレクトと規定）、通告義務の範囲の拡大（虐待を受けたと思われる場合も対象）、第4条第5項に、国及び地方公共団体の責務として「児童虐待の防止等のために必要

な事項についての調査研究及び検証を行う」ことを規定することが中心でした。また、改正児童福祉法においては、市町村の役割の明確化（第一次的相談対応を明確化し虐待通告先に追加）、要保護児童対策地域協議会の法定化が中心でした。

このなかでも、要保護児童対策地域協議会の法定化が一番大きな意義を持つ仕組みの改革だったと思います。半年間の短い期間でしたが、非常に内容の濃い期間でした。当時から児童相談所一極集中の限界は言われていましたし、市町村の力を強化すべきという議論は大きかったと思います。児童相談所は専門職が中にいるのでチームワークができればよかったのですが、市町村では各機関に専門職は単一が多かったため、ネットワークの問題になったのではないかと思います。多様な見方ができることが根幹であり、また、虐待は多様な要因で起こることとされていたので、多様な専門職がかかわる必要があるといった議論だったと思います。

報告書は、2003（平成15）年6月18日、厚生労働省の社会保障審議会児童部会に設置された児童虐待の防止等に関する専門委員会（委員長：柏女霊峰淑徳大学教授）のものでした。この報告書はその後、2003（平成15）年11月に他の2つの報告書とともに児童部会によって「児童虐待への対応など要保護児童及び要支援家庭に対する支援のあり方に関する当面の見直しの方向性について」として取りまとめられました。この報告書は児童虐待防止の入口から出口までを包括的に取りまとめた報告書で、そのなかの『これからの社会的養護の在り方案』は、その後、私が委員長として担うこととなった「社会的養護の課題と将来像」の原案になったものでした。

報告書が出されてから、改正児童福祉法が提案されるまで、法案作成を担う虐待防止対策室（古川夏樹室長）と私とのやり取りが行われました。国会にも参考人として呼ばれました。私は、この法改正で補助事業である市町村児童虐待防止ネットワーク事業を強化して創設される要保護児童対策地域協議会について、当時、田邉泰美氏が日本社会福祉学会全国大会でずっと報告を続けていた英国の地方自治体に形成されている ARC（Area Review Committee）、それ以降の ACPC（Area Child Protection Committee）をモデル

110　　第2部　平成期の子ども家庭福祉（2）

に考えていました。つまり、ARC や ACPC における「登録⇒モニターおよび情報収集⇒アセスメント⇒適切な介入⇒登録抹消」のシステムを意識[1]していました。そして、これらのプロセスにおける協働の専門性として、児童相談所におけるチームワーク・モデルの援用としてのネットワーク・モデルを提起したつもりでした。詳しい内容は十分把握しておりませんでしたが、田邉氏の報告は聞いていましたので、自分なりのイメージができていました。つまり、被虐待児童とその家庭を自治体に登録し、その子どもと家庭を多機関・多職種で構成されるチームで支援していく方式です。支援は登録が抹消されるまで続けられます。厚生省にこのようなイメージがあったかどうかは覚えていませんが、少なくとも、私は、勝手に思っていたイメージで古川虐待防止対策室長と協議していた気がします。

　その後、要対協が法定化後は、前述したとおり、2004（平成 16）年 12 月に「厚生労働省・子ども虐待対応の手引き改訂検討委員会委員」（2005〔平成 17〕年 3 月まで）、厚生労働省・児童相談所運営指針検討委員会委員（2005〔平成 17〕年 3 月まで）として、手引きの改訂や児童相談所運営指針の改訂、要保護児童対策地域協議会設置・運営指針や市町村児童家庭相談援助指針などの策定に関わっていくことになりました。そして、その後は、社会的養護専門委員会委員長となり、その後に続く児童虐待に対する親権制度改正や法的介入の強化政策や司法関与の強化等の政策立案の審議から外れていくことなりました。しかし、今でも、市町村における要保護児童対策地域協議会を活性化させることが、児童虐待防止や子ども家庭福祉供給体制の一元化に有効と考えています。

3　児童虐待等要保護事例の検証に関する専門委員会委員長

　その後、私は、死亡事例検証といういわゆる児童虐待防止法に基づく新たにシステムに関わっていくこととなります。2004（平成 16）年 10 月、私は、「社会保障審議会児童部会・児童虐待等要保護事例の検証に関する専門委員会」の委員長代理（松原康雄委員長の代理、2008〔平成 20〕年 7 月まで）、委員

長（2009〔平成21〕年6月まで）として、第5次報告まで、被虐待児童死亡事例検証に携わっていくこととなります。

　第一次報告は2005（平成17）年5月末に公表されました。第一次報告は、今後専門委員会が年1回行っていく報告の第1回となります。従って、検証結果の報告である「児童虐待による死亡事例の検証」と、今後、地方公共団体が検証を行っていく際のノウハウを記述した「地方公共団体における児童虐待による死亡事例等の検証のあり方」との2部立ての報告としました。

　報告書に記載されているとおり、児童虐待の問題は、「様々な要因が複雑に絡み合って発生していることが多いことから、現場担当者の努力だけを求めるものではなく、現場担当者を支援する組織的対応力の強化、関係機関間の連携の強化、要保護児童に対応する社会的資源の充実など多角的観点から対策を強化していく必要がある」ことです。事例の読み込みやヒアリングといった一連の検証作業は、虐待死を巡る重い現実と直面せざるを得ない厳しい作業の連続でもありましたが、こうした検証を続け、そこから学び、対応体制の強化を図り続けることが、虐待の犠牲となった子ども達に対する私たち大人の責務ということができるでしょう。

　虐待死亡事例の背景には、メゾ、ミクロレベルの援助力、スキル上の課題のみならず、援助観の問題やマクロレベルの構造的な問題も横たわっています。市町村と児童相談所の間に落ちて死亡する事例の背景には、在宅サービスは市町村、施設入所サービスは都道府県という二元行政の原因や構造的問題も横たわっているとみるべきです。具体的には、市町村と都道府県とのキャッチボールの実態について、検証ヒアリングで聞かれたこともありました。市町村は、「早く保護してほしい」と何度も言っていたと述べ、児童相談所は、まだ在宅サービスの活用で大丈夫と思っていたとの意見が聞かれました。また、児童相談所関係者に対するヒアリングでは、児童養護施設に家庭引き取り後に死亡した児童について「なぜ早すぎる施設措置解除をしたのか」と問うたところ、「一時保護所に次の子が待っていたことも頭にはあった」と回答があったことも印象的でした。

　こうした構造的課題にも向き合わない限り、現場を叱咤激励するのみでは

決して問題解決にはならないといことを実感させられました。なお、国の検証を進めつつ、千葉県においても、数年間、死亡事例の検証を行いました。

死亡事例検証で自負できることは、第1次報告から第4次報告までをまとめて、虐待死に至るリスク要因を表にしてまとめたことです。特に、要対協の調整機関担当者に対する情報の一元化は大きなテーマでした。情報の突合せにより重症度、緊急度の判断ができるからです。また、情報の末端への伝達も重要なことでした。これらが、検証から読み取れると、その都度検証報告に書き込んでいきました。それが制度改正、法改正につながっていったと思います。

こうした検証の継続により虐待死に至るリスク要因を表にしてまとめたことで、死亡事例を引き起こすリスクがよりはっきりと明示され、研修等に活用しやすくなったことが挙げられます。このとりまとめは、第15次報告が公表されている現在まで引き継がれ、修正を重ねつつ現在に至っています。これは委員長として取りまとめたものですが、ともに検討した委員や事務局に感謝しています。

4　総務省研究会委員

最後に印象的だった委員として、2009（平成21）年12月に総務省の「児童虐待の防止等に関する政策評価総合性確保評価）に係る研究会委員」（2011〔平成23〕年3月まで）を務めたことが挙げられます。これは、総務省が政策の評価の手法の検討や結果の考察・提言などを行うために専門家の意見を聞くことを目的として設けた研究会であり、いわば厚生労働省の政策現場の視点からみてきた視点を評価者の視点に変えさせるものでした。ここで印象的だったのは、以下の点でした。

当時、社会的養護の供給量の地域格差が大きく、施設養護と家庭養護との地域格差も大きく開いていました。そこで、私は、総務省に対する意見として、都道府県別の「児童人口千人当たりの児童養護施設及び乳児院の定員」と「里親等委託率」の相関を見てほしいとアドバイスしました。施設の供給

量が多いところは里親委託率が低いとの仮説でした。仮説は当たりました。

　総務省が2012（平成24）年1月に公表した「児童虐待の防止等に関する政策評価書」によると、都道府県別の「児童人口千人当たりの児童養護施設及び乳児院の定員」と「里親等委託率」との相関関係をみたところ、「相関係数は平成20年度－0.56、平成21年度－0.55であり、施設の定員が少ないほど里親等委託率が高くなる傾向がみられた」と分析していました。このように、わが国においては、里親等委託は施設養護の補完的役割を果たすことを余儀なくされているような状況といえます。社会的養護の供給は措置制度によっているため、利用者の意思が働く余地が少なく、供給者中心の供給体制が続いているといってよいでしょう。

　これ以前から、私は、「里親は施設温存の調整弁である」との主張を始め、「里親委託優先の原則」を現実のものにすべきとの主張を開始していました。2007（平成19）年に監修した拙著「序章　社会的養護の充実に何が求められているか」『これからの児童養護——里親ファミリーホームの実践』（生活書院、p.27-28）において、厚労省の今後目指すべき児童の社会的養護体制に関する構想検討会（柏女霊峰座長）に厚労省が提出した資料において、2006（平成18）年3月現在で、おおざっぱな傾向からとの注釈つきで、「……、施設養護の供給が多いところでは施設養護の割合が高く、施設養護が不足しているところでは相対的に委託割合が高いという状況が示唆されます」と私が述べており、里親委託が調整弁となっていることの考察を述べています。このことを、実証してほしいと総務省に要望したわけです。

　また、同書「第1章　里親制度の振興を願って」（pp.57-58）で、「里親優先の原則」の必要性を提示し、発想の切り替えを提言しています。なお、その直前の拙著『子ども家庭福祉・保育のあたらしい世界』「第Ⅲ部第5章　里親制度の現状と課題」（生活書院、2006、pp.221-222）において「里親優先の原則」を提言しています。これは、第51回全国里親大会（2006年）で講演した記録をもとにしており、この大会での発言が、私が里親委託優先の原則を提言した最初かと思われます。

　そして、こうした主張は、2011（平成23）年4月施行の「里親委託ガイド

ライン」通知の策定により「里親委託優先の原則」として実を結び、2016
（平成28）年の改正児童福祉法による「家庭養護優先の原則」につながって
いきました。

5　こうのとりのゆりかご検証会議座長

(1) 経緯

　子ども虐待防止に関連して、2007（平成19）年11月から2009（平成21）
年11月までの丸2年にわたって務めた「こうのとりのゆりかご検証会議」
について触れておきます。こうのとりのゆりかご設置がマスコミを通じて紹
介されると、子ども家庭福祉を専門とする私にとって関心は大きかったが、
まさか自分が検証会議に、それも座長として関わるとは、当時は思ってもみ
ませんでした。当時の熊本県知事であった潮谷義子氏から連絡が入り、「こ
うのとりのゆりかご検証会議に座長として関わってほしい」と依頼があり、
驚くと同時に引き受けさせていただきました。

　2007（平成19）年10月から熊本県庁担当者と事前の打合せ会議を始め、
11月30日の第1回会議を県庁で開催したときのマスコミの関心の高さには
驚きました。そのときから、2009（平成21）年11月に最終報告書を提出す
るまでの2年間は、常に、ゆりかごのことが頭の隅に残る日々でした。

　会議は事前会議が2回、第1回会議の後、意見聴取や実地調査、関係者聴
取などを挟みつつ4回の会議が開かれ、2008（平成20）年9月に中間報告を
公表しました。その後、県聴取やヒアリングを挟んで第5回から第10回の
会議を経て、2009（平成21）年11月に、最終報告書を公表しました。

　委員は、私のほか、奥山眞紀子、高木絹子、田中明子、恒成茂行、良永弥
太郎の各氏で始まりましたが、途中で恒成氏に代わって弟子丸元紀氏が参画、
また、私の希望で山縣文治氏にも参画いただき、計8名で検証を進めました。
報告書作成までのプロセスをどのように展開していくか、検証のスケジュー
ルとストラテジーの検討、これが私に与えられた最大の使命だったと感じて
いました。中身については、ご一緒した委員の方々はそれぞれの分野の専門

家であり、その見解をどのように引き出し、また、検証を着実なものとするために必要とされる関連調査等の検証に検証会議事務局とともに注力しました。

(2) いくつかのエピソード

　まず、検証中のいくつかのエピソードについて取り上げておきたいと思います。第一に、マスコミの関心の高さに驚いたことがあります。毎回の会議の後には必ず囲みインタビューが行われ、事前に20-30分の県庁担当者との打合せの後、約1時間にわたって記者からの質問を受け続けました。その日の会議の内容や新たな発見などについてですが、まだ語れないことも多く、また、個人の特定につながりかねない情報を提供するわけにはいかないので、とても気を使いました。

　たいていは日帰りでしたが、前日夜に入ることもあり、その場合は、一度外食をしてマスコミに声を掛けられたことがあり、宿泊ホテルのなかで食事するか、空港で食べてからホテル入りすることがほとんどでした。マスコミの方々は本支局の若い記者が多く、熱心な質問にタジタジとすることもありましたが、おおむね好意的でした。ただ、やはり複雑な問題を抱える事項に対して発言の一部を切り取られることで誤解を招きかねない記事もあり、気を使いました。ある記者は、この問題の取材を契機として社を辞し、今はフリーとしてこの問題を追い続けています。若いときのこうした取材の継続は魂をえぐられるような経験になったのではないかと想像し、応援しています。

　また、子どもの遺棄の助長を招きかねない、子どもの出自を知る権利が置かれる可能性がある、命が助かればそれに越したことはないではないかといった、多様な論点を含み、国民の意見が分かれる問題でもあったため、私の発言が大きく取り上げられ、誹謗中傷がネットを通じて行われることもありました。たとえば、ゆりかご預入の要因に「世間体が悪い」などが複数みられたり、高学歴者や教員、福祉職といった対人援助専門職が含まれていたことがあったりしたため倫理観について言及すると、「何もわかっていない」「何様のつもりだ」といった発言がネット上を席巻したことなどもありまし

た。かなりしんどい作業だったと思います。検証報告書は私の総括報告や検証会議委員のコメントとともに出版しました。（こうのとりのゆりかご検証会議編著〔2010〕『こうのとりのゆりかごが問いかけるもの——いのちのあり方と子どもの権利』明石書店）

(3) ゆりかごの評価と提言

　ゆりかご事例は 2018（平成 30）年度末までの 12 年間で 144 事例となりました。最近では、預け入れのペースが落ちてきている感がありますが、私たちが検証したのは開始後 2 年 5 か月間に預け入れのあった 51 人（年間 20 人弱）でした。また、最近では 8-9 割の親が判明しているのに対し、当時は 51人中 39 人（76.5%）でした　51 事例の分析やフォローアップ調査、ヒアリング等を通じて検証を行い、ゆりかごを評価するとともに、28 項目にわたる検討課題への対応策を可能な限り提示しました。報告書にみるゆりかごの評価については、以下のとおりでした。

　　　ゆりかごは、子どもの遺棄による死の防止、出産にまつわる緊急避難、周産期の精神的混乱に伴う一時保護の 3 点において一定の機能を果たしていると評価できる。その一方で、ゆりかごは、結果として、匿名のまま子どもを預け、出産そのものをなかったことにできる仕組みでもある。さらに、子どもにとって匿名であり続けることは、子どもの出自を知る権利を侵害するばかりでなく、その後の養育に不確定要素をもたらし、子どものアイデンティティ確立に影響を与える可能性がある。つまり、ゆりかごは、預け入れられた子どもの養育をつなぐ機能を果たす一方で、運用のあり方によっては、遺棄の助長や子どもの最善の利益を侵害する可能性があるという二面性を有する仕組みとして機能する。
　　　ゆりかごの本質である「匿名性」は、親にとっての相談しやすさという利益と子どもにとって出自が不明となる不利益の二面性を持ち、それぞれを可能な限り保障すること、つまり、「親が身近な者に知られ

ず、かつ、子どもの育ちや将来に必要な情報は確実に収集できる仕組み」として整備されることが必要である。すなわち、当初は匿名で保護し、その後の面接や調査等により時間をかけて預け入れ者の気持ちに寄り添いつつ信頼関係を構築し、子どもの利益のためにも、可能な限り実名化を図っていく対応が必要とされる。

　ゆりかごに固有の施策として報告書は、「周囲に知られないで妊娠・出産について相談し、場合によっては、匿名のまま母子の保護ができる、一時的に母子を匿名のまま緊急保護し、短期の入所も可能な設備を備えた施設」ともいうべきシェルターが全国に一定か所設置される必要があるとしている。

(4) その後の経過、政府等の取り組み

　ゆりかごの検証と死亡事例検証とを同時期に進めていた結果、私の頭のなかは、妊娠期からの切れ目のない支援一色となっていました。そのことを審議会や拙著『子ども家庭福祉サービス供給体制——切れ目のない支援をめざして』で訴え続けました。その結果、厚労省のゆりかご本体への評価はありませんでしたが、妊娠期からの切れ目のない支援は大きく進むこととなりました。

　2011（平成23）年7月には「妊娠期からの妊娠・出産・子育て等に係る相談体制等の整備について」と題する通知が出されました。同じころ、児童家庭支援センターの児童福祉施設併設要件が撤廃されました。医療機関にも併設できるようになったのです。

　2014（平成26）年には妊娠・出産包括支援事業が創設されました。また、2015（平成27）年度には利用者支援事業母子保健型が創設されて妊娠期からの切れ目のない支援は、着実に進んでいきました。そして、2016（平成28）年改正児童福祉法、改正母子保健法において、私たちが提言した母子保健法と児童福祉法の切れ目をなくす規定が置かれるとともに、母子健康包括支援センターが創設されるなど、その流れは主流になりつつあります。

　さらに、2011（平成23）年の社会的養護の課題と将来像が家庭養護の振興

を提言したことも契機となって、特別養子縁組制度創設後四半世紀を過ぎて、その改正論議が高まっていくこととなりました。そして、これらの動向は、2016（平成28）年改正児童福祉法における「家庭養護優先の原則」の導入につながっていきました。一度廃止された養子縁組里親も復活し、養子縁組あっせん業務も法定化されました。そして、その事業は民間にも委託できることとなり、これまで細々と進められていた養子縁組あっせん事業にも、光が当たるようになりました。

　2016（平成28）年には、「民間あっせん機関による養子縁組のあっせんに係る児童の保護等に関する法律」も制定・公布され、養子縁組あっせん事業を許可制にするとともに、業務の適正な運営を確保するための規制と振興が盛り込まれました。そして、この法律は、2018（平成30）年度から施行されました。民間の養子縁組あっせん団体は長らく15団体程度でしたが、2019（平成31）年3月現在で、養子縁組あっせん法による許可を受けた事業者は19団体にまで増えてきました。

（5）これからに向けて

　このように、この四半世紀、望まない妊娠の相談支援、社会的養護のもとにいる子どもたちの家庭養護優先は、大きく進展してきました。母子保健や子ども家庭福祉の公的機関だけが細々と実施していた時代から、民間団体の参画による重層的な支援構造が出来上がりつつあります。第二のゆりかご設置の動きもないわけではありません。

　私が児童相談所で相談を受け、十分な対応ができないでいた頃からみると、格段の進展がなされたといえるでしょう。でも、ここまで来るためには半世紀近い時間を要しました。これからは、もっと迅速に進んでいくことを願いたいと思います。それには、制度内福祉・医療と民間の制度外活動との協働が必要とされると思います。それらが相まって初めて、さまざまな事情や緊急下にある女性と子どもの最善の利益が図られていくのだと思います。

　ゆりかごの検証を進めていた頃、「子どものいのちが助かるなら匿名もやむを得ない」といった議論がありました。私たちは、いのちに当たる英単語

life には、「いのち」、「人生」、「生活」の 3 つの意味があることに注目していました。いのちだけでなく、預け入れられた子どものその後、また、預け入れざるを得なかった女性の「生活」や「人生」にも目を配らなければ、いのちだけ助かっても十分ではないと考えてきました。こうのとりのゆりかごが問いかけた緊急下の女性と子どものいのち、人生、生活を再生する活動が、今後、広がっていくことを願っています。

［注］
1）英国の子ども虐待防止システム整備の推移については、田邉泰美（2006）『イギリスの児童虐待防止とソーシャルワーク』明石書店、に詳しい。

[Ⅲ　社会的養護関係]

1　社会的養護の今後のあり方のとりまとめ

　社会的養護関係では、2001（平成 13）年 12 月から厚生労働省社会保障審議会臨時委員（2009〔平成 2〕年 11 月まで）として児童部会委員に配属され、2002（平成 14）年 12 月からは社会保障審議会児童部会児童虐待の防止等に関する専門委員会委員長（2003〔平成 15〕年 6 月まで）として、児童虐待に関する児童福祉法並びに児童虐待防止法の見直しを行いました。

　その専門委員会と同時に社会的養護専門委員会が動いており、児童部会本体で議論していた児童相談所、市町村のあり方とあわせて、2003（平成 15）年 11 月に、報告書を取りまとめました。そこに私も関与していました。

　本報告書においては、これからの社会的養護のあり方について、各種提言を整理したうえで「これからの社会的養護のあり方（案）」が提案されています。この提案は、財源が未定であったことから、（案）として提言されていましたが、その後、消費税財源が追加投入されることになったことを受けて、2011（平成 23）年 7 月に策定された「社会的養護の課題と将来像」に結びつくこととなりました。

その後、2007（平成19）年2月に厚生労働省雇用均等・児童家庭局長のもとに「今後目指すべき児童の社会的養護体制に関する構想検討会」が設置され、2月から5月までの間に9回の検討会が集中的に開催され、『中間とりまとめ』が提出されました。私は、この検討会の座長を務めました。この検討会は、社会保障と税の一体改革の検討や、厚生労働省社会保障審議会少子化対策検討部会において子ども・子育て新システムの検討が始まったことを受け、社会的養護分野においても構想を検討しておくべきとの背景もあって始められたものだったと思います。また、里親など家庭養護の振興を図ることも目的の一つでした。その証左として、中間とりまとめの「はじめに」で、2003（平成15）年の児童部会報告に基づいて施策が進められてきたことについて触れたのち、以下のとおり述べられています。

　「しかしながら、未だ現行の社会的養護に対する体制は、近年の状況に十分対応できるだけの質・量を備えているとは言い難く、危機的な状況にあり、その抜本的な見直しと本格的な社会資源の投入が求められている」。このように、来るべき消費税のアップに伴う安定財源の追加投入をめざして、どのようなデザインを描いておくことが必要かについて議論を行ったものといえます。

　なお、この検討会は研究者や児童相談所長などで構成され、直接のステークホルダーは参加していませんでした。厚労省事務方の説明では、いろいろな利害が絡むと構想を作成しにくいので、ステークホルダーは除いて検討することにしたとのことでした。検討会設置当時の家庭福祉課長は藤井康弘氏でした。藤井氏は、それ以降里親として子どもの家庭養育に関わり、また、厚労省を退職後も、社会的養護の問題に深く関わり続けています。この取りまとめをもとに2007（平成19）年改正児童福祉法が成立（施行は2008〔平成20〕年度）し、被措置児童等虐待の通告、対応制度の創設や里親制度の振興、小規模住居型児童養育事業（ファミリーホーム）の制度化などが行われました。

　ちなみに、社会保障と税の一体改革は、社会保障の充実・安定化と、そのための安定財源確保と財政健全化の同時達成を目指すものです。消費税のアップに伴う財源を社会保障に充てるべく、特に、全世代型社会保障の実現を目標に、子ども・子育て分野に消費税アップ分からの財源を追加充当するこ

とを目指したものです。そのためには、社会保障のそれぞれの分野における
将来像を示す必要があるとされ、その期限が2011（平成23）年7月に迫っ
ていました。

2　社会的養護の課題と将来像の策定と実施など

2009（平成21）年9月に民主党政権が誕生すると、子ども・子育て新シス
テム検討が急ピッチで進められたのとは裏腹に、社会的養護改革の機運はあ
まり上がりませんでした。社会的養護専門委員会は民主党政権後も2009（平
成21年）年11月2日、2010（平成22）年5月27日、同年12月7日と3回
開催されていましたが、厚生労働省では、「社会的養護における施設ケアに
関する実態調査（タイムスタディ調査）」を研究事業として進めており、いわ
ば、消費税アップの財源を当て込んで施設養護の充実を目指すエビデンスの
収集を進めていたということがありました。

しかし、私からみれば、児童養護施設等のタイムスタディがそれぞれの業
務を明確に示せるとは到底考えられず、結果も、予想したとおり、あまり使
えないものとなってしまっていました。それもそのはずで、子どもの養育、
生活は、たとえば、食事を作りながら声掛けするなど一つひとつの業務を分
類するなどできないと思っていましたので……。保育・子育て支援や障害児
支援が改革デザインの策定に向けて前に進んでいるときに、社会的養護は何
をしているのかという気持ちが強くありました。

障害児支援については、障がい者制度改革推進会議総合福祉部会において
検討が進められていましたが、それも官僚排除で実施されていたため、報告
書の行方は不透明なままでした。そして、9月には障がい者総合福祉法法案
骨子が作成されて、総合福祉部会は終わりを告げました。法案骨子が示され
たのは9月であり、期限とされた7月には間に合わなかったのです。また、
障害者福祉、障害児支援のための財源はいわゆる義務的経費とされていたた
め、社会保障と税の一体改革からは外れていたためなのか、消費税財源を追
加投入する分野とはされなかったのだとも思います。

こうした動向のなかで、社会的養護分野は検討がなかなか行われず、私は、家庭福祉課に出かけるたびに、社会的養護の将来像策定に向けた早期審議開始を訴えていました。当時の課長は「大臣からの宿題、指示で手いっぱいで、とても先を見通した仕事はできない」の一点張りでした。そうこうしているうちにも、将来像を提示する期限の2011（平成23）年7月が迫りつつありました。あきらめかけていたとき、いわゆるタイガーマスク運動が起こり、神風が吹きました。タイガーマスク運動が盛んだったのは1月の通常国会の前だったため、政府の動きはこれまでと違って迅速でした。それを契機として、社会保障と税の一体改革の一環としての新たな子ども・子育て支援制度創設の風に乗り、社会的養護改革は大きく展開することとなりました。

　私は、2011（平成23）年1月12日、母方伯父の葬儀のため母を伴って母方実家のある金沢に行く途中の電車のなかで厚労省からの電話を受け、急遽、「児童養護施設等の社会的養護の課題に関する検討委員会」の座長（2011〔平成23〕年7月まで）を引き受けることとなりました。第1回開催が1月28日午前でしたから、本当に急に検討会が立ち上がることとなりました。雇用均等・児童家庭局の検討会でしたが、実質的には小宮山洋子副大臣の検討会でした。これと軌を一にして、社会的養護専門委員会（私は、2007〔平成19〕年9月から厚生労働省・社会保障審議会専門委員・児童部会社会的養護専門委員会委員長をしていました）も始まり、これも委員長として関わり、いわば車の両輪として歩んでいくこととなりました。検討委員会で詳細を練り、委員会で承認するといった感じでした。今度は、研究者はほとんど参加せず、社会的養護業界の代表で制度を検討していきました。

　また、制度化を待たずして、できるものから実施していくスタンスが取られました。小宮山副大臣は、これを三段ロケット方式と呼んでいました。まず、第一弾ロケットであるすぐにでもできる改革、たとえば、里親委託優先の原則の明示等の通知改正などは、本年4月1日付をもって実施に移されました。第二弾ロケットは、次年度からの実施を目指す事項でした。施設長の研修義務化と資格要件の設定、第三者評価の義務化等が考えられていました。社会的養護の課題と将来像のなかの次年度予算案に反映する事項も含まれて

います。各施設種別の職員配置基準の充実や大学進学費、就職支度費等の自立支援費用の増額などもありました。その他、施設や里親、ファミリーホームの運営指針の作成も行いました。

　最後の第三弾ロケットでは、今後、子育てに一定規模の財源が充当されることを目標に、子ども・子育て支援新制度の実現とともに、社会的養護の充実を図ることを目指すものです。社会的養護の質・量の拡充、職員配置基準の拡充や家庭的養護（里親等委託を社会的養護の3割以上にすること、施設の小規模化等）、自立支援の推進などです。なお、社会的養護の課題と将来像を策定するにあたってのいくつかのエピソードを、ここに残しておきたいと思います。

（1）家庭的養護を旗印としたこと

　私は、「家庭養護」と「家庭的養護」の定義を定める際の社会的養護専門委員会委員長を務めていましたが、今後、政策的に家庭養護（family based care）、家庭的養護（family-like care）を含めて家庭的養護と総称し、それをキーワードとして打ち出していくことが政策にインパクトをもたせることになると判断して、定義として認めたことを記憶しています。委員会でも異論はありませんでした。

（2）追加財源について

　社会的養護の課題と将来像における人員配置基準の引き上げ等に係る財源について、厚生労働省は国費ベースでおおむね200億円と見積もり、その分について、消費税引き上げによる税収増から充てることとしていました（当時の措置費年間予算は835億円程度でした）。このことについては、当時の小宮山洋子副大臣から、国会で答弁があったと聞いています。

　実際には、子ども・子育て支援新制度が始まった2015（平成27）年度にこの分の担保ができることとなりましたが、すぐに引き上げても現場の職員確保が困難なことから、順次基準を上げていくこととされました。なお、配置基準の引き上げについては施設関係者のかねてからの期待が大きく、先行

して一部でも来年度実施できないかとの要望があったこともあり、2012（平成24）年度予算で先行実施（たとえば、就学児童 6:1 から 5.5:1 など）することとなりました。

（3）実施時期について

社会的養護の課題と将来像自体は 2011（平成23）年 7 月に取りまとめられましたが、それを計画に落とし込んで、行政として実施することとしたのは、2012（平成24）年 11 月 30 日に発出された厚生労働省雇用均等・児童家庭局長通知「児童養護施設等の小規模化及び家庭的養護の推進について」においてでした。その間、1 年以上を要しています。

また、計画では、今後、15 年をかけてこの構想を実現するとしており、私の印象としては、ずいぶん時間をかけるのだなと思っていました。ここにも民主党政権における政治と官僚との意思の疎通困難が一因としてあったのかと想定しています。それはともかく、社会的養護専門委員会がとりまとめた「小規模化等の手引き」等をもとに、都道府県において家庭的養護推進計画が策定されていくこととなりました。

3　運営指針の策定

社会的養護の課題と将来像が策定されると、すぐに、社会的養護関係施設等運営指針の策定に取り掛かることとなりました。これは、私が強く主張したことでした。社会的養護を社会に開かれたものとしていくことが急務と思っていたからです。関係者には、社会的養護に追加財源を投入するのだから、国民の理解を得ることは必須で、そのためには指針を策定し、それを社会に公表していかなければならないと主張しました。質の担保のための第三者評価の義務化、施設長の資格要件の規定と更新制の導入も、その一環でした。

それを受け、2011（平成23）年 8 月には、厚生労働省・社会的養護施設運営指針等検討ワーキング全体会議が設置され、座長（2012〔平成24〕年 3 月まで）として運営指針づくりの統括をしていくこととなりました。また、社

会的養護第三者評価等推進研究会の委員長として、『社会的養護関係施設における『自己評価』「第三者評価」の手引き』（2013〔平成25〕年3月）を作成しました。これは、直接的には、2012（平成24）年度から社会的養護関係5施設種別において運営の自己評価並びに第三者評価が義務付けられたことを受けて、その手引きとして発刊されたものです。

　本書の編者である社会的養護第三者評価等推進研究会は、社会的養護の施設運営指針及び第三者評価基準の策定検討に携わった施設運営指針等ワーキンググループの各座長に加え、学識者、経験と識見を有する評価調査者の参画を得て、厚生労働省が設置し、全国社会福祉協議会と連携しながら、社会的養護の自己評価並びに第三者評価の推進に関する検討などを行ってきました。運営指針の策定には、各施設種別教代表が委員となって参画しました。家庭福祉課専門官が全体の調整を進め、第三者評価基準の作成と一体となって進めていきました。

　各運営指針の1.目的と2.社会的養護の基本理念と原理は、5施設種別の指針においてほぼ同じものとしました。第三者評価事業をこの指針に基づいて進めていくためには、評価事業者や評価調査者の混乱を招かないためにも、できるだけ同じ理念にしておきたかったということがあります。また、結果的に、歴史的経緯や理念も異なって進展してきた各施設種別について、できるだけ統合させておきたいといった意図もありました。指針は、2012（平成24）年3月に局長通知として発出されました。

　続いて、社会的養護関係施設種別（児童養護施設、母子生活支援施設、乳児院、児童自立支援施設、情緒障害児短期治療施設）の『運営ハンドブック』を委員長として作成しました。このハンドブックは、2012（平成24）年3月29日付雇児発0329第1号厚生労働省雇用均等・児童家庭局長通知「社会的養護施設運営指針及び里親及びファミリーホーム養育指針について」の別添1から5までの各施設運営指針の解説並びに施設運営の手引きとなるように作成されました。ハンドブックは5施設種別ごとに作成されましたが、研究会では、それぞれの施設種別ごとに設置された編集委員会の独自性を尊重しつつも、題名の統一、全体の構成、内容について一定の統一性を図るなどの

機能を果たしてきました。特に、総説ともいうべき「社会的養護の基本理念と原理」については、その内容がほぼ共通するように執筆されています。また、全体構成としては、総論から各論に移行しつつ解説する構成をとりました。ハンドブックは、2013（平成25）年に完成しました。「はじめに」は、5種別すべて私が執筆した文章を用いることとしました。

4 新たな社会的養育ビジョンへの対応
——社会的養育専門委員会委員長

　社会的養護の課題と将来像を着実に進めていくのが今後の社会的養護の在り方と思い、これで、社会的養護改革も一段落したと思っていました。しかし、2015（平成27）年9月に、塩崎恭久大臣のもとに新たな子ども家庭福祉の在り方に関する専門委員会が設置されると、状況は一変しました。児童福祉法制定70周年を目前に児童福祉法を見直すとともに、社会的養護の課題と将来像も全面的に見直すこととされました。社会的養護の課題と将来像は、民主党政権下に出来上がったものです。民主党政権から主導権を取り戻した自公政権は、民主党政権時代に取り組まれた種々の改革を次々と廃止していきました。子ども手当もその一つです。そして、その波は、社会的養護の課題と将来像にも及んだのだと解釈しました。ただ、方向性は継続していると感じていました。

　専門委員会報告を踏まえた2016（平成28）年改正児童福祉法自体は、社会的養護関係部分については「社会的養護の課題と将来像」で進めた方向を法定化することが大部分でしたが、第3条の2の条文には驚きました。特に、「家庭と同様の環境において……不適当な場合は、」という表現にはびっくりしました。おそらくそんなケースはあまりないだろうと思い、大丈夫かなと思っていました。

　専門委員会は法律改正を提案して終了しましたが、社会的養育に関する検討会並びに2つの専門委員会ワーキンググループ（以下「WG」という）は継続することとなり、その頃には、「社会的養護の課題と将来像」を全面的に

見直すとの大臣や座長の発言が聞こえてくることとなりました。その後は「社会的養護の課題と将来像」を否定する言辞が、検討会の論点にみられることとなりました。

　2015（平成27）年9月に、子ども家庭福祉全体を見直す専門委員会が発足すると社会的養護専門委員会は開催されなくなり、また、専門委員会メンバーは社会的養護分野のビジョン検討から外れていくこととなりました。こうして、2015（平成27）年5月22日から2017（平成29）年10月25日まで、途中1回を除いて専門委員会が開催されない状況が始まりました。私から家庭福祉課に、社会的養護部分についての専門委員会の議論を紹介して我々にも意見を述べさせてほしいと要望し、2015（平成27）年12月14日に、「新たな子ども家庭福祉の在り方に関する専門委員会における検討状況について」をテーマとする社会的養護専門委員会が開催された際は、私も意見書を提出しています。それ以降は、全く開催されなくなりました。途中、私は委員長の辞任を申し出ましたが、もう少し待ってほしいと当時の局長に留められました。

　その結果、専門委員会が行うルーティン業務も進まなくなりました。具体的には、被措置児童等虐待関係業務があります。国は毎年、「被措置児童等虐待への各都市道府県市の対応状況について」を社会的養護専門委員会に諮ったうえで公表していました。これが進まなくなりました。また、社会的養護専門委員会に「被措置児童等虐待事例の分析に関するワーキンググループ」を設置して、被措置児童等虐待事例の分析と考察を進めることにもなりましたが、この報告が1年ほど遅れることとなりました。これらは全国児童相談所長会議時に1年以上遅れて公表されました。ワーキンググループ報告書は貴重な提言であるだけに、静かに公表されてしまったことは、今でも残念に思っています。

　2017（平成28）年8月3日に新たな社会的養育の在り方に関する検討会が報告書「新しい社会的養育ビジョン」を提出し、大臣がその翌日に交代することとなりました。いわば置き土産です。「新しい社会的養育ビジョン」の衝撃は大きく、関係者に動揺が走りました。また、就学前児童は施設に措置

することを停止するなど、法改正しなければ達成できない事項も記載されていました。しかし、私にとっては、ただでさえ実現に困難を思わせる「社会的養護の課題と将来像」の家庭養護の目標数値を実現に向かわせる良い機会ではないかと思いました。事実、報告書が出されてからは、「私たちが社会的養護の課題と将来像に向かって尽力しているさなかに、それを大幅に上回る目標数値が勝手に出されるなんて」（ある施設長）という言葉に代表されるように、結果的に、社会的養護の課題と将来像達成の大きな応援団となりました。

　社会的養護の課題と将来像において家庭養護の割合を 3 分の 1 としたのは、当時、家庭養護割合が最も高かった県で約 30％であったことをモデルにしたものでした。したがって、施設の役割を変更する、つまり子どもの養育と家庭養護支援にすることはするけれど、施設が存立しなくなるところまでは考えていませんでした。しかし、ビジョンの目標は、就学前児童は 75％、学齢児は 50％が家庭養護で、しかも、就学前児童の施設在籍は数か月、学齢児も原則 1 年間ということですから、そのとおり実現されると施設は現状のまま存続することはできません。新たな施設の役割規定が必要とされる事態になったのです。

　7 月に厚労省における局の再編により子ども家庭局ができましたが、引き続きの局長から検討会のビジョンを政策に落とし込むのは審議会であり、社会的養護専門委員会にその役割を担ってもらいたいとのことでした。その際、名称を「社会的養育専門委員会」に変更して、社会的養護以外の部分も担うこととし、引き続き委員長をしてほしいとのことでした。そうなることはある程度予測していましたが、落としどころをどこに置くかが難しい調整だと感じていました。社会的養育専門委員会は年をまたいで 2018（平成 30）年 1 月 31 日に第 4 回が開催されたのち、専門委員会の枠を超えて、与党の児童の養護と未来を考える議員連盟と全国知事会等の関係団体等との調整に委ねられました。

　社会的養育専門委員会委員長として都道府県社会的養育計画策定要領の取りまとめを図りましたが、①家庭養育の目標値を都道府県に求めるか否か、

②施設の小規模化かつ地域化についての計画策定を都道府県や施設に求める
かの大きく2点で意見の一致が得られず、その後の調整を子ども家庭局に委
ねることとなりました。

　その後は、知事会や昨年12月から数えて20回開催された「児童の養護と
未来を考える議員連盟」のなかで議論が深められ、7月6日に約1年ぶりに
国の通知「都道府県社会的養育推進計画の策定要領」として取りまとめられ
ました。1月31日開催の最終委員会における策定要領案からの大きな変更
点は、以下のとおりです。

①「新しい社会的養育ビジョン」の位置づけ
　平成28年改正児童福祉法の理念のもと、「新しい社会的養育ビジョン」で
掲げられた取組を通じて、「家庭養育優先原則」を徹底し、子どもの最善の
利益を実現

②里親委託率に関する都道府県の数値目標の扱い
　国は、「概ね7年以内（3歳未満は概ね5年以内）に乳幼児の里親等委託率
75%以上」、「概ね10年以内に学童期以降の里親等委託率50%以上」に向け
て、取組を推進。都道府県は、地域の実情は踏まえつつ、子どもの権利や最
善の利益、国の数値目標、代替養育を必要とする子どもの見込み等を踏まえ、
数値目標と達成期限を設定。その際、個々の子どもへの措置は、数値目標達
成のために機械的に行われるべきものではないことを確認。国は、都道府県
の取組状況を評価し、支援の在り方や進め方について検証する。

③ 施設の小規模かつ地域分散化
　「できる限り良好な家庭的環境」を確保すべきであり、小規模かつ地域分
散化された施設環境を確保することが重要。今後計画される施設の新築や改
築、増築の際には、小規模かつ地域分散化された施設の設置を優先する。そ
のため、概ね10年程度で地域分散化及び多機能化・機能転換を図る計画を、
人材育成も含めて策定する。既存の施設内ユニット型施設も、小規模かつ地

域分散化の計画を立てることとする。

④ 計画策定期限

　各都道府県においては、2019（平成31年）年度末までに新たな計画の策定を行う。なお、計画の策定を待つことなく、2018（平成30）年度から可能なものから、順次速やかに取組を進める。国は、児童虐待防止対策の強化の更なる対応を検討し、具体的な内容を追って示すこととする。

　これを受け、社会的養育専門委員会が8月3日に開催されましたが、その前に子ども家庭局長から連絡があり、結果として、その委員会で私は社会的養育専門委員会委員長を交代することとなりました。任期途中（ただし、委員長は現在6期目であり、特例として任期が継続されていました）ではありますが、この策定要領通知を一つの区切りとしてこの提案を受け入れ、委員長を交代することといたしました。2007（平成19）年9月から委員長を務めてきましたので10年以上になっていました。また、今の運営方法は私の価値観になじまないと考えていたこともあり、この提案を受け入れました。後任は、8月3日の専門委員会で山縣文治氏が選任されました。彼は、委員としてずっとこの間の経緯を共にしてきた仲間なので、安心して託すことができました。私の退任の言葉は、以下のようなものでした。

　　次の議題に移る前に、私からお伝えしたいことがあります。それは、委員長の交代についてです。策定要領がまとまったこの機会に、2007年9月以降、結果的に10年以上続けることとなった社会的養護専門委員会委員長を交代したいと思います。これについては、事前に事務局から提案があり、この辺で一区切りつけて新しい体制の下で進めていくのがよいと判断し、事務局からの提案を受け入れることとした。これからは、新しい委員長を迎えてこれまでの経緯も踏まえつつ、新たな時代の社会的養育を作り上げていっていただきたいと願います。

　　委員長を辞するにあたって、これまでの経験を踏まえ、委員会運営

について三つのことを述べておきたいと思います。いわば遺言のつもりです。

　一つには、政策には必ず副作用が伴うということ。理想をめざしつつ副作用を最小限にするための配慮、補完システムの整備を忘れてはならないと思います。子どもは実験台ではなく、政策の後戻りはできないということを、関係者は胸に刻んでおかなければならないと思います。

　二つには、注目されていない分野にも目配りをすること。この領域では障害児の社会的養護があります。

　最後の三つめは、理想は高く、歩みは着実にということ。たとえば、子ども家庭福祉分野において地域包括的で切れ目のない支援が行いやすい体制づくりをめざさなければならないと思います。よい意味で絵に描いた餅は重要ということです。

　以上、委員会の推挙により委員長に就任しているので、自分勝手にやめることはできず、私の気持ちを述べさせていただきました。ご検討どうぞよろしくお願いいたします。

　この後、私は藤井康弘氏、相澤仁氏とともに一般社団法人共生社会推進プラットフォーム（藤井康弘理事長）を立ち上げ、その団体が母体となった全国家庭養護推進ネットワークの共同代表（共同代表はほかに、潮谷義子氏、相澤仁氏）として FLEC（Family Life for Every Child ）フォーラムを企画・実施するなど、民間レベルの活動に重心を移していくこととなりました。

[Ⅳ　障害児支援]

1　障害児支援の見直しに関する検討会座長

　私が障害児支援政策に本格的な関わりを持ったのは、2008（平成20）年3月に厚生労働省・障害児支援の見直しに関する検討会座長（同年7月まで）となったのが初めてでした。児童相談所時代には、障害児支援は政策的に大

きな進展（障害児保育、1歳6か月児健診の導入など）があったこともあり関わりも多かったのですが、厚生省入りしてからは障害福祉課が所管だったので、あまり関わることはありませんでした。また、大学に出てからも、児童相談所時代からの縁で自閉症協会千葉県支部の顧問をしていた時期もあったため、利用者の話をときおり聞くことはあっても、政策立案や具体的援助などに携わる機会はありませんでした。

　ところが、厚労省から突然に座長として声がかかり、私は大いに戸惑い、自信がないといったのですが、是非にとのことで引き受けることとしました。しかし、幾分かの知識はあっても、業界の動向や文化などがわからないと思わぬところで地雷を踏みかねないことは、保育分野に関わることとなって経験していたため、不安がありました。事前に厚労省担当者からレクチャーを受け、自分でも勉強をして臨みました。そして分かったことは、障害児支援分野も研究者等の人材が少ないということでした。

　検討会は、私が知りうる限り、「障害児支援」だけを取り上げて本格的な検討を行う初めての会議体といってもいいかと思われました。これまで中央児童福祉審議会や障害者関係審議会で議論されることはあっても、それは児童一般施策や障害者福祉施策全体を議論するなかでの一部であることがほとんどでした。そういう意味では、こうした検討会が作られたことは、まさにエポックメイキングなことでした。

　会議は17人の委員で構成され、医師、研究者が7名、その他に市長1名と各業界の代表でした。研究者は、子ども家庭福祉のほか特別支援教育や障害者支援関係が専門でした。第1回が3月18日で、4か月後の第11回の最終回が7月22日という超スピードで進められていきました。月2回以上開催のハイペースで、他の会議も抱えていた私にとってはかなり忙しい思いでした。しかも慣れない分野の会議だったので、かなり緊張して臨んでいたこと覚えています。しかし、委員の参加は真摯で、熱心な議論が展開されました。

　教育分野との連携については、事務局オブザーバーとして文科省特別支援教育担当者が入っていましたが、この検討会のなかで特別支援教育関係の議

論が行われることはありませんでした。たとえば、特別支援学校の寄宿舎利用児童の支援についてはテーマになったのですが、直接議論できず要望段階で終わってしまったことを記憶しています。あくまで障害保健福祉部の所掌事務関係についてのみでした。なお、連携については議論の対象とされており、報告書にも一部盛り込まれていたと思います。

この検討会を通してたくさんの優れた実務家と出会うこともでき、自分にとって大きな財産になりました。阿満氏が室長としてまとめてくれましたが、得難い経験をしたと思っています。これ以降、障害児支援関係業界の講演などに声をかけられることが出始め、それらの研修会等で講演を行うようになりました。

2009（平成21）年に国会に提出されたこの検討会報告書を生かした法案は、同年7月に衆議院の解散により廃案となります。9月には政権交代により民主党政権が誕生しました。その後、2010（平成22）年12月、臨時国会において、これまで2度廃案となっていた障害者自立支援法等の一部を改正する法律案が、ほぼそのまま「障がい者制度改革推進本部等における検討を踏まえて障害保健福祉施策を見直すまでの間において障害者等の地域生活を支援するための関係法律の整備に関する法律」として成立・公布されました。完全施行は、2012（平成24）年4月であり、成立までに紆余曲折があったことは否めません。障害児支援にとっては画期的と言ってよい法改正であり、その主な内容は、入所施設、通園施設の再構築、障害児通所支援（児童発達支援、医療型児童発達支援、放課後等デイサービス、保育所等訪問支援）の創設、障害児相談支援事業の創設、障害児の範囲の見直し（発達障害児の追加）、児童発達支援センターの入所決定の市町村移譲などでした。

2 障がい者制度改革推進会議総合福祉部会委員

続いて、障害児支援に携わったのは、2009（平成21）年に民主党政権ができてまもなくの2010（平成22）年4月から内閣府・障がい者制度改革推進会議に設置された「総合福祉部会」の委員（2012〔平成24〕年7月まで）に

なったときでした。この会議には面喰らいしました。

　大人数で延々と議論が続き、ようやく、2011（平成 23）年 6 月 23 日開催の障がい者制度改革推進会議総合福祉部会において、部会作業チーム、合同作業チームの報告書が公表され、それらに対する厚生労働省のコメントが公表されました。障害児合同作業チームの座長は大谷恭子氏で、私は委員として参画しました。議論は委員だけで行われ、厚労省の担当者は議論に参画できませんでした。したがって、厚労省は、その報告に対して法律策定上のコメントを行うという形で後から課題提起を行うこととなりました。これらの進め方は、民主党政権の方針でした。障がい者制度改革推進会議も官僚排除の方針で進められており、その部会である総合福祉部会の事務局は厚労省が所管しましたが、進め方は同じでした。

　当時の障害保健福祉部企画課長は厚生省時代に一緒に仕事をしたことのある土生栄二氏でした。私としては、まとまったことが本当に制度化されるのだろうかという不安がありましたし、土生氏にしてみれば、どうやって制度化していくかに頭を悩ませていたのではないでしょうか。ただ、障害児支援部分についてはかなり現実的な意見をまとめていたこともあり、厚労省からの大きなコメントはなかったように思います。

　全体会議では多くの委員が発言し、総勢 50 名程度にもなる総合福祉部会は、意見を言いっ放しになることが多くありました。そのため事前に意見書を提出することとなり、私もほぼ毎回意見書を提出しました。なお、同時並行で同じ内閣府において子ども・子育て新システム検討会議が開催されており、障害児合同作業チームとして今のうちに新システム検討会議に申し入れをしておかないと、新システムと障害児支援システムの分断が起こる懸念があると私は主張しました。それを受けて、非公式会合が行われ、意見書を提出しました。しかし、結局は、子ども・子育て支援制度と障害児支援制度の相互乗り入れと制度の整合性の確保は、一部のみにとどまってしまいました。

　私は、合同作業チームの一員としてこの報告書作成に携わりましたが、障害児チームの報告は、実現可能性にかなり配慮した現実的な提言が盛り込まれていると感じています。それは、大きな法改正は、2010（平成 22）年

12月のいわゆる「つなぎ法」においてすでに達成され、かつ、その施行が2012（平成24）年4月からとされていることから、それらを前提としない改革は困難ではないかと考えたからです。したがって、本報告は、いわゆるつなぎ法の施行を前提として、それらをさらに改善する方向での改革を提示しているといえます。大きな改革提言は、次の2点であると思っています。

1点目は、障害児の地域生活支援とインクルージョンを大きく意識している点です。2点目は、子ども・子育て新システムや社会的養護等子ども一般施策の展開に呼応させている点です。これらの2点は、子ども一般施策と障害児施策との一体化をできる限り進めるという観点から検討されています。今後は、この視点を基本視点としつつ、児童福祉法並びに障害者総合福祉法（仮称）における障害児福祉施策の進展が図られるよう尽力しなければならないと思っていました。

しかし、この法案骨子は幻のものとなり、理念など一部はいわゆる障害者総合支援法に結実したものの、具体的な提案[1]については、ほぼ見送られているのが現実ではないかと思います。あれだけ苦労して参画したことの意義を、十分生かせなかったことが残念ではありました。このことは障害児支援のみならず、障害者施策に関する提言のほぼすべてに当てはまります。この法案骨子を受ける形で、いわゆる障害者総合支援法の附則や付帯決議に3年後の見直しまでの検討課題などが列記されていました。その後、社会保障審議会障害者部会において一部について検討は行われていますが、総合福祉部会の成果を十分に反映したものにはならなかったと思います。これも、政権が変わったことにより、生かされなかったのではないかと思います。

3　障害児支援のあり方に関する検討会座長

その後、障害者総合支援法も施行された2014（平成26）年1月、再度、障害児支援に関する検討会が開催されることとなり、私は、再び厚生労働省・障害児支援のあり方に関する検討会座長（2014〔平成26〕年7月まで）になりました。本検討会が設置された背景は、① 2015（平成27）年度から

創設される子ども・子育て支援制度と障害児支援制度との整合性の確保、②2025（平成27）年度の報酬単価改定、③2016（平成28）年度のいわゆる障害者総合支援法・児童福祉法の見直しに向けた検討に資するため、の3点でした。

　委員は私を入れて19名であり、私が座長、座長代理は大塚晃氏、数人の研究者以外はほぼ業界団体の幹部でした。このときは2度目でしたので、私の障害児支援に対する理解もかなり深まっており、また、研修会などを通して関係者の意見聴取も随時行っていましたので、気はずっと楽でした。今回は実施体制の問題はテーマにならないと聞いていたので粛々と進め、私が意図したことは、「縦横連携」と「後方支援」の2つだけでした。いずれも、報告書のキーワードとなりました。特に「後方支援」については、当初から周りからの懸念はあったのですが、意図的に現場に投げかけたかったという思いがありました。

　「縦横連携」はすぐに受け入れられましたが、「後方支援」については、いろいろな意見がありました。また、委員以外からもさまざまな見解、批判が聞かれました。その根幹は、「私たちは最前線で障害児のための支援を行っているのに、なぜ後方支援という位置づけなのか」というものでした。これについては、「障害児支援の関係者が、熱いミッションで業務を行っていることを批判するつもりはない。障害児支援の目的が地域生活支援、当たり前の生活を保障することにあると考えれば、障害児童に熱心に取り組む施設等が増えれば増えるほど、障害児童が囲い込まれ、地域のなかから排除されてしまう結果を導き出す懸念を踏まえたものだ。あたりまえの生活、地域生活支援に熱心に取り組む姿勢が必要ということを理解してほしい。私たちはどのような社会をめざすべきかという観点から、政策を考えなければならない」と説明して理解を得ました。

　また、たくさんの提言を行っていますが、これらの提言はあくまで方向性を示すものであり、今後、提言に基づき、報酬改定や法改正のための実質的な議論が進められていくこととなります。特に、児童発達支援センターについては、当該施設を中心とした重層的な支援体制を確立するため、保育所等

訪問支援や障害児相談支援を実施すべきことが提言されています。また、その他、たとえば、保育所等訪問支援の報酬改定などいくつかの報酬改定上の提言も盛り込みました。

さらに、放課後等デイサービス等の障害児支援に関するガイドラインの策定も重要な提言です。特に放課後等デイサービスは行われている支援の質に大きな開きのあることが指摘されており、早急なガイドライン策定が求められています。厚生労働省は、提言を受け、2014（平成26）年10月から障害児通所支援に関するガイドライン策定検討会を設置して検討を開始しました。検討会では、まず放課後等デイサービスのガイドラインを作成しています。この検討会についても私は委員を依頼されましたが、妻の病状が悪化しつつあったため、指針づくりの大切さと意義は感じながらも辞退させていただくこととなりました。

4　障害児入所施設の在り方に関する検討会座長

2019（平成31）年2月6日から、障害児入所施設の在り方に関する検討会の座長を務めることになりました。この検討会は、厚生労働省社会援護局障害保健福祉部長の検討会として発足しました。今後、6月まで月1回のペースで、社会的養護の施設団体や障害当事者団体にヒアリングを行い、7-10月は、委員が「福祉型」と「医療型」に分かれて半年ほどかけて議論を行うものです。私は福祉型入所施設WGの座長も兼務することとなりました。

障害児支援をめぐっては、厚労省は2014（平成24）年7月に検討会報告をまとめ、入所施設の機能を「発達支援」、退所に向けた「自立支援」、被虐待児を専門的にケアする「社会的養護」、在宅の障害児や家族を支える「地域支援」の4つに整理していました。しかし、その後、具体的な取り組みが十分進展しておらず、社会的養護分野が大きな改革を進めるなかにあって、どのような方向に向かい、また、どのような充実を図るべきかについて取りまとめることが緊急の課題として浮かび上がってきたことがあげられます。私は、社会的養護の充実の陰でこの分野が放置されているとの印象を持って

おり、これまで研修会などでこの点を強調していました。障害保健福祉部でも同様の思いはあったようで、この時期の検討会開催となりました。

［注］

1）2011（平成23）年9月に障がい者制度改革推進本部総合福祉部会がとりまとめた障害者総合福祉法案骨子の障害児支援部分の概要については、柏女霊峰（2011）「第7章　障害児福祉の幕開け」『子ども家庭福祉・保育の幕開け―緊急提言　平成期の改革はどうあるべきか―』誠信書房を参照いただきたい。

［V　放課後児童クラブ、児童館関係］

1　放課後児童クラブガイドラインの策定

　私が放課後児童クラブ関係の政策に関わったのは、2007（平成19）年4月に厚生労働省・国としての「放課後児童クラブガイドライン」策定に関する研究会委員（平成19年8月まで）として関わったときが最初でした。

　この前には、放課後児童クラブにおけるガイドラインに関する研究会（柏女霊峰座長・みずほ情報総研株式会社設置）（2007）『放課後児童クラブにおけるガイドラインに関する調査研究』平成18年度児童関連サービス調査研究等事業に携わっており、2007（平成19）年3月に報告書を提出したばかりでした。私はこの研究で初めて放課後児童クラブに携わり、松戸市のNPO（百田清美理事長）ねばぁらんどが運営する放課後児童クラブ等を視察したり、質問紙調査のプリテストを実施してもらったりして勉強をしました。いくつかの放課後児童クラブの視察も経験しました。この報告書が、これからの私の放課後児童クラブへの関わりの基本となりました。

　なお、この報告書で作成したガイドライン作成の経緯では、厚労省といくつかのやり取りがありました。調査研究を委託した厚労省としては定員規模や子ども一人当たり面積についてフリーハンドをもっていたいということもあり、研究報告書への数値の記入には否定的でした。しかし、研究班としては、実際に自治体のガイドライン調査なども進めており、それらの基準に一

定の妥当性がある場合には調査研究の結果として記載すると同時に、本研究会で作成するガイドライン試案にも数値を入れるべきとの意見があり、私も入れるべきと思っていました。結局、数値を入れることとなり、これが現在の基準にまで続くこととなりました。たとえば、ガイドラインにおいて児童規模を作成した県は 40 人であり、これが一定の基準として定着しつつあること、面積も 1.65㎡以上が定着しつつあることを提示しました。「研究では自治体のガイドラインを参考にしており、数値を記載しないことは研究自体の信頼性を問われかねない。また、数値を入れない理由を説明できない。したがって、この 2 つの数字を削除することは全体に影響があり、削除はできない」旨を提起して報告書を完成させました。

なお、私がこの調査研究に携わる契機となったのが、児童健全育成推進財団の野中賢治調査企画室長と出会ったことでした。野中氏に声をかけられ、放課後児童クラブ研究に携わり、以降、ガイドラインの策定、放課後児童クラブの設備・運営基準の策定、放課後児童クラブ運営指針の策定、同解説書の策定まで、ずっとコンビを続けてきました。

野中賢治氏とは、2007（平成 19）年度のみずほ情報総研の研究会に声をかけられて知り合いました。これまで児童健全育成推進財団とは交流がありましたので、そこで紹介されたのだと記憶しています。それ以降、放課後児童対策に関する専門委員会中間とりまとめの公表まで、ずっと一緒にこの問題に取り組んできました。まさに、野中氏は、私の放課後児童クラブ関係の師ともいうべき存在であり、心から感謝しています。

この調査研究でガイドラインの策定を提案したことを受け、厚生労働省は放課後児童クラブ運営ガイドラインを作成することとし、2007（平成 19）年 4 月に厚生労働省・国としての「放課後児童クラブガイドライン」策定に関する研究会（網野武博委員長）委員（2007〔平成 19〕年 8 月まで）を委嘱されることとなりました。

この会議は非公開で行われましたが、どのようなガイドラインとするかはいろいろな意見がありました。そこで、私は、野中氏と相談し、以下の意見を持って委員会に臨みました。

ガイドラインが、現在の国庫補助と直接連動するものではなく、放課後児童クラブ自体を望ましい方向に誘導していくための現実的な基準を示すものであるということを明記して、研究会報告書の内容を微調整にとどめたものにする。これは、放課後児童クラブの充実（レベルアップ）を意図する性格のものになります。この場合は、保育所等の児童福祉施設の第三者評価基準ガイドラインと似た性格のものとなります。これでも、国の作成したガイドラインとしての役割を十分に果たすことができます。（2007.4.10 柏女メモ）

　その結果、私の意見はほぼ採用され、2007（平成19）年通知のガイドラインは出来上がりました。

　その後も、放課後児童クラブに関する研究には参画し、2009（平成21）年度には、放課後児童健全育成事業（放課後児童クラブ）に係る実証的調査研究（財団法人こども未来財団平成21年度児童関連サービス調査研究等事業）の委員として参画し、「放課後子ども教室」と「放課後児童クラブ」との「一体的実施」に関する調査研究（中間的取りまとめ）などを行いました。

　そのなかでは、「放課後子ども教室」及び「放課後児童クラブ」を一体的あるいは連携して実施する総合的な放課後対策である「放課後子ども総合プラン」を実施するに当たっては、「放課後児童クラブ」の対象児童（以下「放課後児童」という）に対し、「放課後児童クラブ」単独の事業における水準と同様のサービスを提供し、サービスの質の向上及び適正な運営の確保を図るための原則、留意事項を提起しました。放課後子ども総合プランにおける一体化に、一定の歯止めをかけることができたと思っています。

2　児童館ガイドライン検討会座長

　続いて、2011（平成23）年1月、厚生労働省・児童館ガイドライン検討会の座長に委嘱されました。放課後児童クラブガイドラインと同様、児童館についてもガイドラインの作成が必要との厚労省の考えからでした。児童館に

ついては学生時代に興望館地域活動部（児童館）で学童クラブのボランティアをしたことがあり、感覚はつかめていました。また、児童相談所に奉職してからもときどき児童館に来館している子どもたちのケース・カンファレンスに参加したこともあって、被虐待児童や家庭に居場所のない子どもたちが結構いることにも気づいていました。

　また、児童館については、院生の修論他いろいろなところで少しずつ学ぶ機会もありました。そこで、児童館ガイドラインの作成に入る前にインタビューを受けたときに、自身の見解をまとめ、児童館の現状認識についても考えていました。これが、児童館ガイドライン策定のための基本認識となりました。

　基本的視点を持ちながら、児童館ガイドライン検討会の座長として審議に臨みました。委員の意見にも多く勉強させていただきましたが、基本的にはソーシャルワーク機能並びに館があるという利点をより強化すべきという自身の見解を基礎としつつ、児童館ガイドラインを取りまとめることができました。また、2月には、児童館ガイドラインのみならず、児童健全育成全体についての意見も出すべきと主張し、児童館ガイドラインのほか、そうした健全育成上の課題も、今後のために残しておくこととしました。児童館ガイドラインの策定経緯と概要については柏女霊峰（2011）「第5章　児童健全育成の幕開け」『子ども家庭福祉・保育の幕開け』（誠信書房、pp.120-123）に簡潔にまとめています。

　児童館ガイドライン検討会では、結果的に、文字どおり児童館ガイドラインを策定するだけにとどまりました。しかし、私の問題意識は、平成期の児童健全育成の理念を問うことにありました。そして、児童健全育成を政府の政策のなかにしっかりと位置付けることが必要と考えていました。

　健全育成の理念については、久しく、新しい時代に即した健全育成ないしは育成支援概念を整理しなければと思っていました。この分野はいわゆる三位一体改革によって一般財源化が始まり、現在では、放課後児童クラブと放課後子供教室を除いてほとんど補助金がなくなるなど、国における責任の所在があいまいなままになっていましたので、私には忘れられたテーマでした。

しかし、検討会でそれができないとなったとき、今後議論すべき事項をいわば遺言として残しておくべきと考えました。そこで、検討会の成果物はガイドラインであるとしても、報告書にはそれ以外のことも記録として残しておくこととし、委員に網羅的に挙げてもらうことにしました。その後は、それが議論される機会を願っていました。しかし、その機会は、放課後児童対策に関する専門委員会まで訪れませんでした。

3　厚生労働省・社会保障審議会児童部会放課後児童クラブの基準に関する専門委員会委員長（2015〔平成27〕年4月まで）

2013（平成25）年5月、私は、厚生労働省・社会保障審議会児童部会放課後児童クラブの基準に関する専門委員会委員長（平成27年4月まで）に委嘱されました。それは、これまで放課後児童クラブの研究に携わってきてガイドライン試案を2度にわたってまとめてきたことが大きく影響していたと思います。第1回目は平成18年度報告書ですし、第2回目は、2012（平成24）年6月に委嘱された調査研究である児童健全育成推進財団・放課後児童クラブの運営内容に関する研究会座長（2015〔平成27〕年3月まで）の経験がありました。これにより作成された「改訂版・放課後児童クラブガイドライン」は、平成24年度児童関連サービス調査研究等事業「放課後児童クラブの運営内容に関する調査研究」（主任研究者 野中賢治）の成果物として作成されたものです。

本専門委員会は、内容面はともかく、運営上、とてもしんどいものでした。2013（平成25）年12月25日に、報告書が公表されました。その一部については「日本の学童ほいく」に簡潔にまとめていますが、墓場まで持っていかなくてはならないこともありました。この専門委員会である程度納得できる基準を作成したことで、私の使命は半分終わったと思いました。あとの半分は運営指針の策定とその解説書でした。

テレビで最後の会議が始まる前の私の顔を見た知り合いから、ずいぶん疲れていると感じたというご意見をいただきましたが、そのとおり神経戦と言

っていいほどかなり疲れるやり取りでした。以下は、専門委員会運営上の苦労話の一端です。

　委員会では、7回にわたって審議を続けてきました。審議では、「子どもの最善の利益を保障するための質の確保・向上」と、「地域の実情に応じた多様性に対する配慮」の両方に意を用い、この二つの谷の間の狭い尾根を歩くかのような厳しい道を歩んできました。

　委員会には放課後児童クラブの運営費を拠出している事業主の代表が参加しておらず、いわば委員会の親会議ともいうべき子ども・子育て会議において注文がつくこともありました。運営費拠出者としては、当然のことだと思います。これに加え、地方自治体の財政がひっ迫していることもあり、厳しい環境のなかでの議論が続きました。また、運営費の半分を保護者の利用料で賄うという考え方が継続されるなかでの議論では、質の向上は利用料のアップに直結することとなります。

　そうは言いつつ、放課後児童クラブの運営体制が、いまのような貧弱な状態でよいわけでもありません。せっかく追加財源で質の向上を図ることがうたわれているわけですから、現状追認の基準では意味がありません。放課後児童クラブにおける「職員の複数配置」を議論した第6回の専門委員会がポイントだったと、いまになってふり返ることができます。

　報告書では、複数配置の根拠として「放課後児童クラブは、異年齢の児童を同時にかつ継続的に育成・支援する必要があること、怪我や児童同士のいさかいへの対応など安全面での管理が必要であること、多くは職員のみで運営されており管理者等が業務を代替することができないことから……」と三つの理由をあげて、学校教育におけるクラス編成との違いを強調しました。これで、不十分な点も多々残しつつ、クラブの骨格が固まりました。

（柏女霊峰［2014］「子ども・子育て支援新制度とこれからの放課後児童クラブ」『日本の学童ほいく』2014年5月号初出）

この審議会の委員長経験を通じて、委員長は審議会を円滑に運営するだけでなく、たとえば傍聴人としてだれが来ているかにも配意しつつ、いろいろな手法を用いて委員の総意を形成し、実現することが大事だと学びました。

4　放課後児童クラブ運営指針の策定と
放課後児童支援認定資格研修

(1) 放課後児童クラブ運営指針の策定
　(2014〔平成26〕年9月 - 2015〔平成27〕年2月)

　設備運営基準報告書が出されると、今度は、放課後児童クラブ運営指針の策定作業が始まりました。気の休まらない日々でしたが、この運営指針策定作業は研究業務として実施することができ、公開ではなかったため、いろいろな議論ができて興味深いものがありました。

　「運営指針」は、厚生労働省の委託研究事業によりつくられた「放課後児童クラブガイドラインの見直しに関する委員会」(柏女霊峰委員長、事務局・みずほ情報総研株式会社。以下、「委員会」) で原案を作成しました。委員会は実践現場や行政の実務者や有識者11名で構成され、2014 (平成26) 年9月末から翌年2月半ばまでのほぼ5か月で、これまでの国の基準やガイドラインと策定のための研究成果、自治体のガイドライン、全国団体の運営指針などを参考に、全国でほぼ合意されている範囲の内容を基本として、「運営指針」案を作成しました。

　これまでの放課後児童クラブガイドラインは14項目、約2,400字の短いものでした。一方、「運営指針」は、当時の保育所保育指針と同じ7章立て、文字数もほぼ同じ1万7,000字強により策定されています。研究会では、放課後児童クラブが施設と同程度の重みをもった事業であることを重視して、保育所保育指針や児童養護施設運営指針など施設の運営基準をモデルに作成することとしたのです。その経緯と概要は、柏女霊峰 (2015)「放課後児童クラブ運営指針の策定の背景と意義」『日本の学童ほいく』2015年6月号 (国学童保育連絡協議会、pp.68-72) に記述しています。

(2) 放課後児童支援員認定資格研修、補助員の研修、講義概要の作成

2014（平成26）年7月、厚生労働省・放課後児童クラブの質の向上のための研修企画検討会委員（2015〔平成27〕年3月まで）委員となり、放課後児童支援員認定資格研修の策定と同時に、認定資格研修や補助員が受講を推奨される子育て支援員（放課後児童コース）の研修プログラム作成に入りました。本検討会の委員長は松村祥子氏でした。子育て支援員研修制度の本体や他のコースにも関わるよう厚労省から相談もありましたが、家族介護が深刻化しつつあり辞退させていただきました。

認定資格研修プログラムづくりは、淡々と進んだように思います。私は委員として必要な意見を述べていきましたが、大きな苦労もなく、進めていくことができたように思います。なお、私が2014（平成26）年7月の第1回検討会で述べた意見は6点です。詳細は議事録に残されています。

プログラムが出来上がると、次は、認定資格研修の講義概要の作成でした。これについては私が編集委員会の委員長となり、『放課後児童支援員認定資格研修教材　認定資格研修のポイントと講義概要』（共編著、中央法規、2015）を作成しました。この「まえがき」に作成の経緯を記しておきました。

なお、その場合、今後、国において作成される予定の「放課後児童クラブ運営指針解説書」がテキストになると考えられますが、その完成にはしばらく時間を要するようですし、解説書が出ても、その内容を6分野16科目にわたる研修科目に配分して講義、学習していくためには、やはり、一定のガイドブックなるものが必要と思われました。さらに、都道府県における「認定資格研修」の講師予定者を対象に、国が実施する全国研修の教材も必要とされていました。

国の「運営指針」、「認定資格研修」の策定に携わったメンバーを中心に「放課後児童支援員認定資格研修教材編集委員会」を構成し、新しくスタートした「認定資格研修」制度の研修体系とその主旨に完全準拠した教材を作成する取り組みが進められました。そういう意味では「教科書・テキスト」というよりは、「認定資格研修内容に関するハンドブック」といった意味合いの書だと思っています。なお、本書の作成は、きわめて公共性の高い作業

であり、したがって、「編集委員会」は印税・原稿料等は一切受領せず、その分を定価に反映させ、購読者に還元することとしました。

5 放課後児童クラブ運営指針解説書の作成

次の仕事は、放課後児度クラブ運営指針解説書の作成でした。2015（平成27）年9月、みずほ情報総研・放課後児童クラブ運営指針解説書検討委員会座長（平成28年3月まで〔主任研究者：みずほ情報総研株式会社〕）並びに2016（平成28）年5月、みずほ情報総研・放課後児童クラブ運営指針解説書検討委員会座長（同年12月まで〔主任研究者：みずほ情報総研株式会社〕として仕事に取り掛かりました。

この仕事は座長として、主として全体の進行管理をしつつ、ワーキンググループで作成していただいた案をもとに議論を尽くしました。運営指針が保育所保育指針を模したものであっただけに、解説書も保育所保育指針解説書並びで作成することにして、全体構成などを考えました。とても良いものが出来上がったと思っています。10年にわたりご一緒した野中賢治氏やみずほ情報総研の山岡由加子氏と共に、その喜びを分かち合いました。放課後児童クラブ運営指針解説書作成のための最後の委員会で、私は以下の発言をしました。

　　おかげさまで、放課後児童クラブ運営指針解説書（案）を、微修正を残しながらも、研究報告書として作成することができました。今日の日を感慨深く迎えています。放課後児童クラブ関係の調査研究は、この調査研究報告書で10年にわたる一定の研究の最終を迎えたこととなります。

　　この間、4回の調査研究を、研究会のメンバーは変わったが、数人のメンバーが、この間、ずっとかかわりを続け、事務局はすべてみずほ情報総研でした。本報告書は、このように全員がそれぞれの役割をしっかりと果たすことによって出来上がったものであり、現場、行政、

研究者の協働により出来上がったことに特徴があると思います。（柏女
挨拶メモより）

6　放課後児童対策に関する専門委員会委員長

こうして私の放課後児童クラブに関する仕事は終了したかに思えましたが、
2017（平成29）年度から放課後児童対策に関する専門委員会が始まり、私は
その委員長をすることとなりました。

子ども・子育て支援制度が介護保険制度と同様、保育サービス利用者の潜
在ニーズを大きく掘り起こしたことは、就学後に利用することとなる放課後
児童クラブのニーズの拡大に火をつけることとなりました。今後、放課後児
童クラブに対するニーズは拡大の一途をたどることが予想され、量的拡充と
質の維持・向上を巡ってさまざまな論議が展開されることとなるように思い
ます。

そこでは、放課後児童クラブを含めた子どもの放課後生活保障の在り方が、
問われてくることになると思います。今のうちに、放課後指導クラブのほか
児童厚生施設や放課後子供教室、プレイパークなどの子どもの放課後生活保
障の原理や体系を固めておかないと、保育の量整備以上の混乱を引き起こす
可能性があると思います。

この専門委員会の設置は、私が求めていたことでもありました。私として
は、1963（昭和38）年のいわゆる人づくり政策の一環としての児童健全育成
概念を超えて、平成期の児童健全育成の理念、目標を、子どもの福祉を所管
する厚労省としてもっているべきだと思っていました。また、厚労省として
も、放課後児童クラブと放課後子供教室との一体的実施を図る放課後子ども
プランにより子どもの放課後生活が学校に閉じ込められてしまうことは避け
るべきであり、そのための総合的なプランを持つべきとの思いをもっていま
した。

そこで、厚労省から専門委員会を立ち上げるので委員長をしてほしいとの
話があったときに、2つのことを実現したいと考えました。一つは、現代社

会における健全育成の理念を固めること、二つは、総合的な対策の必要性を提言することでした。そして、この二つは、あまり問題なく達成することができました。報告書は中間とりまとめとして、7月末、国会終了後の幹部人事異動直前に静かに公表されました。最後の委員会が終わって2か月後のことでした。

　私がこの専門委員会報告書で大事だと思ったのは、放課後児童対策の理念をしっかりとさせること、放課後児童対策全体を俯瞰し、総合的な視野で対策全体を充実させることを提言すること、でした。この議論中に放課後子ども総合プランを引き継ぐ対策として、2019（平成31）年度から5年間に30万人分の受け皿整備を行うことが決定されましたが、それも、子どもの放課後生活を保障するための理念と総合対策としての再構築があって初めて、有効なものになりうると考えています。

　この報告書で、児童健全育成分野の政策に私にはもう思い残すことはなく、この後の取り組みとして、放課後児童クラブの第三者評価基準作りの調査研究に携わるよう依頼がありましたが、家族介護のため、ありがたく思いつつも辞退させていただくこととしました。2018（平成30）年に児童館ガイドラインの大幅改訂も実施されており、このことも私の気持ちを軽くしていました。

［Ⅵ　少子化対策・計画行政・子ども・子育て支援制度］

1　少子化対策

（1）少子化社会を考える懇談会

　私が少子化対策関係企画立案に本格的に足を踏み入れたのは、2002（平成14）年3月から開始された厚生労働省・少子化社会を考える懇談会委員（2003〔平成15〕年3月まで）においてでした。この後、計画行政の進展や子ども・子育て支援制度の創設にも関わっていくことになりますが、委員長としての関わりはなく、あくまで一委員として、特に子ども家庭福祉の視点か

らの発言を進めていくことに、その役割があったと思っています。少子化懇のメンバーは21名で、木村尚三郎氏が座長でした。メンバーは心理学、福祉学、歴史学、経済学、法学、統計学、社会保障、家族社会学など各分野の研究者やエッセイスト、コラムニスト、市長、子育て支援者、NPOなど多彩でした。

　少子化対策を考える懇談会では、さまざまな分野の委員と一緒に意見を述べ合うことができ、他流試合の場としてはとても勉強になっていたことを記憶しています。この会は、厚労省が設置したもので、当時の担当者は河幹夫参事官でした。なお、この頃から会議の議事録が公表されるようになっており、この会議議事録も残されています。

　会議は9月までに5回開催され、そこで中間とりまとめが行われました。そして、15年3月に第6回、最後の会が開催されています。私は、第5、6回は都合で欠席しています。このなかでの私の発言で特記すべきことを議事録から引用しておきたいと思います。まず第1回目の発言のポイントは、以下のとおりです。私の問題意識を端的に表していると思います。

　　　少子化に関連して、児童福祉の分野では大きな課題として3つ。一つは子どもの育ちがおかしくなってきているのではないか。二つめは虐待の増加に代表される子育ての問題、三つめは少子化の問題。これらは、便利な社会、効率を優先させてきた社会の影の部分を3つともあぶり出している。便利で効率優先の社会をそのままにしておいて、影の部分だけに対応しようとしても限界があるわけでして、この問題を考える時には、私たちがどういう社会を目指すのかという座標軸を決める議論をしなければならない。

　中間とりまとめでは「少子化社会への対応：4つのアピールと10のアクション」、いわゆる少子化対策プラスワンを取りまとめていますが、やはり総花的なところは否めないようです。私の少子化論としては、社会保障審議会統計分科会委員として「厚生労働統計通信」第13号に2003（平成15）年

2月に執筆した「少子化対策を考える」があります。そのポイントは、以下のとおりです。これ以降、私の少子化対策に関する考えが深まったようには思えません。以下、一部、引用します。

　　［少子化対策を論ずる視点］
　　少子化社会とは、大人が大人中心に創りあげた効率優先社会の進展が、それと異なるリズムを必要とする子どもの育ちや子育てを「足かせ」ととらえるようになり、「子どもの存在を許さない」少子社会を進行させ、また、この社会に生きている子どもの育ち、子どもを育む営みである子育てを困難な状況に追い込んでいく現象である。つまり、私たちが創りあげてきた効率優先社会の「影」の部分である。
　　このツケは、効率優先社会を創りだした世代が現役のうちに払わなければならない。そのためには、効率優先社会から共生社会への転換を図っていかねばならない。労働政策（育児休業制度等）や子ども家庭福祉政策（保育、地域子育て支援サービス等）の思い切った拡充が必要である。

　　［少子化対策の難しさ］
　　少子化対策の難しさは、取組みに国民の切迫感がないこと、つまり、一人ひとりが当事者意識をもちにくい問題であるという点であろう。少子化への対応は誰も反対しない。しかし、痛みを伴ってまで積極的に推進しようと思う人は少ない。そのため、対策は総花的で、しかもすべてのメニューが小粒で目立たない。また、「少子化」という現象は、未だ「お神輿」の域を出ていない。少子化は多くの要因が関与し、その結果がもたらす問題についても多くの考え方がある。したがって、少子化という「お神輿」の担ぎ手は、それぞれ自らの考える方向に「お神輿」を担いでいこうとする。それぞれのめざす方向に衆目を集めるために……。かくして、「お神輿」は手段と化すのである。
　　「少子化対策」は国家、厚生労働省としての対策としてしかとらえら

れず、その結果、「子育てがこんなに苦労を伴うなら、私はもう子ども
を生まない。政府、厚生労働省は困るでしょうけれど……」といった
発言が生まれることとなる。

　少子化対策は、根本的には、高齢者に偏り、また、年金・医療に偏
っている社会保障給付を再検討し、子ども・子育てへの給付、福祉・
対人援助サービスへの給付を増やしていくことにより実現される。そ
れが、地域社会に新しい形態の連帯と共生を生み出すことになるだろ
う。

(2) 内閣府・少子化社会対策推進・評価検討会議

　続いて私が少子化対策にかかわったのは、2008（平成20）年7月から2年
間続いた内閣府・少子化社会対策推進・評価検討会議の委員でした（2010
〔平成22〕年7月まで）。この会議は、少子化担当大臣の下に設置され、利用
者の視点に立った点検・評価手法の検討が「子どもと家族を応援する日本」
重点戦略で検討課題とされていることを受け、子育て支援サービスの現場や
利用者の視点に立って検討を行うため、学識、自治体、子育て支援事業関係、
利用者、医療関係、労使等のメンバーで構成され、少子化社会対策推進点
検・評価関係府省連絡会議との合同開催されることとなりました。

　具体的には、「少子化施策利用者意向調査の構築に向けた調査」「少子化対
策に関する特別世論調査」の検討とその結果を受けてのコメントで、調査の
前に2回、調査後に1回の計3回開催されました。しかし、私は、結局、第
2回目の1回しか出席できませんでした。議事録を確認しても、前回の少子
化懇を大きく超えるような考察はなく、調査実施上の哲学や技術上の問題に
ついて意見を述べているだけに終わっていました。検討の成果は、2009（平
成21）年度中に予定される「少子化社会対策大綱」や「子ども・子育て応援
プラン」の見直しに反映されたのではないかと思います。

　これ以降も、さまざまな少子化対策関係検討会等が開催されますが、これ
を最後に、私は少子化対策関係政府会議にはかかわってはおりません。

2 次世代育成支援地域行動計画策定指針

少子化懇談会に続いて、2003（平成15）年4月厚生労働省・次世代育成支援対策推進法案に基づく行動計画策定指針等に関する検討委員会（同年8月まで）の委員になりました。これは、次世代育成支援対策推進法に基づく次世代育成支援地域行動計画策定のための国の指針づくりでした。この行動計画策定指針検討委員会は、市町村及び都道府県が行動計画を策定するに当たって拠るべき「行動計画策定指針」や「行動計画策定マニュアル」の検討に当たり、幅広く意見を聴取するため、雇用均等・児童家庭局長が学識経験者、自治体職員等の参集を求め、開催するものでした。いわば計画行政についての最初の指針づくりということになります。これまで児童育成計画はありましたが、いわゆる法定計画は、これが最初でした。

他分野においては1990（平成2）年頃から、特に、高齢者分野において計画行政が開始され、その後、多くの分野において計画行政が進められていくこととなります。子ども家庭福祉分野では、いわゆるエンゼルプランが策定された1994（平成6）年頃から自治体の任意計画として児童育成計画の策定が開始され、それからしばらく遅れて2003（平成15）年からすべての自治体で法定計画づくりが開始されることとなりました。次世代育成支援地域行動計画策定指針は、そのための国の指針でした。

この会議は公開で行われましたが、議事録はホームページ上に残されてはおりませんでした。策定指針についてどのような意見を述べたのかあまり記憶に残っていませんが、児童育成計画策定の経験を踏まえ、子ども家庭福祉全体に目を配ることを主眼に参画していたのではないかと思います。

3 次世代育成支援施策の在り方に関する研究会

私の審議会、検討会など政府の委員として最も大きな影響を受けたのは、この研究会であると言って間違いはありません。すなわち、2003（平成15）年4月から8月まで行われた厚生労働省・次世代育成支援施策の在り方に関

する研究会委員（同年8月まで）です。これは、子ども・子育て支援制度創
設のもとになった研究会報告であり、また、私自身にとっても、子ども家庭
福祉から社会保障に視野を広げる契機となった研究会でした。残念ながら議
事録はホームページ上に残ってはおりませんが、さまざまなところで、この
会議の意義について語っています。

　次世代育成支援施策の在り方に関する研究会は11名の委員で構成され、
京極高宣氏が座長でした。研究者を中心に構成され、主力部隊は社会保障関
係研究者であり、子ども家庭福祉からは私と山縣文治氏が参画していました。
しかし、全体のデザインは厚労省の渡辺芳樹審議官や伊原和人氏などが構想
していたと思います。

　この報告書が出された時期はいわゆる社会保険庁問題が起こっていたとき
であり、それが影響したのか、この報告書における提言の実現には時間を要
することとなりました。最後の会で当時の渡辺審議官が「この報告書の実現
には少し時間を頂戴したいと思います」と発言されていたことが印象に残っ
ています。子ども・子育て分野に社会保険方式を導入する提案は、当日の子
ども保険論議と相俟って、今後の子ども家庭福祉供給体制に大きな影響を与
えるであろうことは予測できました。

　そのこともあり、特に、この報告書は、保育業界では大きな論議を呼びま
した。私も、委員の一人として多くの研修会に呼ばれましたし、解説もたく
さん書きました。「愛育ねっと」トピックス原稿（2003〔平成15〕年9月「社
会連帯による次世代育成支援に向けて」：厚生労働省研究会報告書が提言　柏女霊
峰／日本子ども家庭総合研究所　子ども家庭政策研究担当部長）などがそれです。

　この提言以降、子ども・子育て支援制度創設に至る経緯は、以下のとおり
です。拙著から一部引用したいと思います。

　　　子ども・子育て支援制度の本格的検討は、2007（平成19）年12月、
　　政府において将来的な少子化対策を検討していた「子どもと家族を応
　　援する日本」重点戦略検討会議が出したとりまとめである『「子どもと
　　家族を応援する日本」重点戦略』に基づき、厚生労働省社会保障審議

会に少子化対策特別部会が設置されたことに端を発する。前述の報告書から4年以上の期間が経過してからの本格的検討開始であった。

少子化対策特別部会では、介護保険制度導入に尽力した官僚たちが事務局を担い、制度検討とステークホルダー間の利害調整（保育第一専門委員会、保育第二専門委員会における検討等）を精力的に進めていくこととなる。ただ、2009（平成21）年9月に民主党政権が誕生したこともあり、それまで詳細な議論が続けられていた特別部会の議論は、同年12月に事務局とりまとめである「議論のまとめ」で終わりを告げる。

民主党政権は、先の少子化対策特別部会を引き継ぐ形で2010（平成22）年1月に「子ども・子育て新システム検討会議」[1]を立ち上げ、6月には、少子化社会対策会議において「子ども・子育て支援新システム基本制度案要綱」を決定する。その後、舞台を内閣府に移した子ども・子育て新システム検討会議作業グループに、ステークホルダーが参画する基本制度ワーキングチーム、幼保一体化ワーキングチーム、こども指針（仮称）ワーキングチームが同年9月から順次開催され、2012（平成24）年2月の子ども・子育て新システムに関する基本制度とりまとめに至るのである。

取りまとめをもとに策定された子ども・子育て支援法案、総合こども園法案、子ども・子育て支援法及び総合こども園法の施行に伴う関係法律の整備等に関する法律案の3法案が国会に提出されたのは、2012（平成24）年3月であり、6月に民主党、自民党、公明党の3党合意による大幅修正が行われ、8月に子ども・子育て支援関連3法が成立・公布されたのである。その後は、子ども・子育て支援法に基づいて制度の詳細検討の舞台を内閣府・子ども・子育て会議等に移し、前述のとおり検討が進められてきた。

なお、3党合意に基づく修正の主な事項は、以下のとおりである。

①総合こども園を新しい幼保連携型認定こども園として総合こども園法案を廃止し、いわゆる認定こども園法改正案として対処する。

②設置主体を、国、地方公共団体、学校法人、社会福祉法人に限定する。

③既存の幼稚園、保育所からの幼保連携型認定こども園への移行は義務付けない。

④認定こども園、幼稚園、保育所を通じた共通の給付や小規模保育等への給付を創設し、共通の財政支援の仕組みを創設する。

⑤指定制に替えて認可制度改革と、運営基準等に基づく市町村の確認制度を導入する。

⑥利用者支援事業を創設する。

⑦小規模保育事業等を市町村認可事業とする。

⑧児童福祉法第 24 条等について、保育所における保育については市町村が保育の実施義務を引き続き担うこととする。

　以上が、子ども・子育て支援制度創設に至る背景と経緯である。」

（柏女霊峰（2015）『子ども・子育て支援制度を読み解く──その全体像と今後の課題』誠信書房、pp.150-152）

4　内閣府・子ども・子育て新システム検討会議幼保一体化ワーキングチームから子ども・子育て会議へ

　民主党政権が誕生した 2010（平成 22）年 9 月には、内閣府・子ども・子育て新システム検討会議が組織され、本格的に、法案の検討が開始されました。私は幼保一体化ワーキングチーム構成員（2012〔平成 24〕年 3 月まで）に参画し、いわゆる総合こども園の制度化に取り組みました。この会議の議事録が残されていますが、印象的だった発言については、以下のとおりです。このことは、拙著『これからの子ども・子育て支援を考える』（ミネルヴァ書房、2017）の第 4 章「法令からみた乳幼児期の「保育」と「教育」」において紹介しています。それは、以下のとおりです。

　ちなみに、「学校教育」という用語が政府資料に初めて登場したのは、2011 年 5 月 11 日開催の子ども・子育て新システム検討会議作業グ

ループ幼保一体化ワーキングチーム第8回会合の資料2-1 幼保一体化について（案）のなかの幼保一体化の目的「(1) 質の高い学校教育・保育の一体的提供」においてである。その前の第七回会合の同参考資料幼保一体化について（案）には「(1) 質の高い幼児教育・保育の一体的提供」と表記されている。第七回会合において筆者は、幼児教育の用語が誤解と混乱を招きやすいと提起し、「これから『幼児教育』という言葉は使わないほうが私はいいのではないかと思います。『学校教育・保育給付』でもいいですけれども、……」と発言している。そして、この発言は、現場に保育と育の混乱をこれ以上広げないための苦肉の策であったと理解している。

　この検討では、「幼児教育」という用語が多義的で誤解を生むことが指摘されていました。保育所では、養護と教育が一体となった「保育」が行われており、それは幼児教育ともいえるため、幼児教育・保育という言い方は誤解を招くのではないかと思っていました。そこで、幼児教育という用語を用いず、学校教育・保育とすべきと発言しました。学校教育であれば、幼稚園の教育や総合こども園の学校部分における教育活動に限定することができ、議論が進みやすいと考えたからです。このように、総合こども園の性格について、多彩な議論が展開されていました。
　私は、保育所保育における2つの全体的つながり、すなわち0歳から6歳までのつながり、朝から夕方までのつながりを一つながりとして保育を行うのが保育所の教育と思っていましたので、総合こども園になっても、教育の時間と保育の時間を年齢や時間で分断するべきではないという視点から発言を続けていました。
　こうした議論の末、総合こども園のデザインが出来上がりました。保育所は原則としてすべて総合こども園に認可替えすることになっていましたし、幼稚園は任意ではあっても、私学助成の縮小によりいずれは総合こども園に一本化していくことになると期待していました。つまり、幼保一元化です。これにより、親の事情によって子どもの通うところが分断されることを防ぐ

ことができると考えていました。いろいろな課題は残しつつも、わが国も幼保一元化に向かって歩みを始めることに期待していました。しかし、その願いは、国会による修正によりすぐには実現しませんでした。とにもかくにも、子ども・子育て支援制度は2015（平成27）年4月からスタートし、私は、2013（平成25）年4月から始まった内閣府・子ども・子育て会議委員（現在に至る）として現在に至っています。

　また、第18回基本制度ワーキングには、以下の意見を提出しました。できるかぎり、包括的で一元的な制度を一貫して望んでいたことがわかります。

　「理想に向けて前進を！　幼保一体化WT構成員・淑徳大学　柏女霊峰
　　第16回は私学助成、第17回は所管の三元化提案など政府提案は混乱し、まるで所管争い（?）のようです。極めて残念なことです。待機児童対策、幼保一体化、幼児期の教育振興、全世代型社会保障の実現という4つの理想の実現に向け、小異を捨てて大同に就こうとしていたワーキングチーム委員の失望はいかばかりだったか想像に難くありません。

　　そもそも論はともかく、ここまできた以上、できる限り幼保一体化を図ること、少なくとも給付の一体化は整合性のある就学前保育や労働政策その他社会保障の展開にとって必須事項であり、そのうえで、教育や福祉の質の向上にインセンティヴが働く仕組みを付加的に用意することとすべきだと思います。制度が動き出すまでは、1府2省の共管としてでも改革を成し遂げるべきと思います。

　　そのうえで、検討の最終局面に当たり、今一度、新システムにおいてまだ十分に検討されていない大切な視点を、以下に列記しておきたいと思います。

　　1. 財源の確保、一元化策についての十分な検討
　　（1）社会で子育てという観点から「事業主拠出金」使用目的を過度に限定せず、すべての子どもの育ちや子育て支援、社会的養護等にも

一定の機能を果たすことを期待したい。

（2）新システムは、恒久財源の確保と一体として進められるべきことを確認し、いわゆる子ども・子育て支援法（仮称）において、その旨明記しておくことが必要である。

2. 市町村の関与のあり方や子育て支援プランの策定など実施体制の検討

介護保険制度に倣い、子育て支援専門員（仮称）による子育て支援プラン作成等のケアマネジメント・システムを導入することが必要である。それが、利用支援や虐待防止に結びつく。すでに、石川県などの先駆的自治体においてはそれらのノウハウの蓄積が行われており、先駆的事例に学ぶべきである。

3. 社会的役割、福祉的視点の確保

新システムや総合施設（仮称）の整備に当たっては、教育の視点とともに、福祉的視点や社会的役割を視野に入れることが必要とされる。すでに議論されたライフラインとしての役割や、貧困、社会的弱者の救済措置などがきめ細かく組み込まれることが必要とされる。臨時休業中の開所施設の確保、優先入所や応諾義務、補足給付等の制度化が空文化しないような制度設計が求められる。その結果として制度が複雑化することになるが、その場合には、前項にあげた子育て支援専門員（仮称）の助力による利用支援が必要とされる。

4. 事業者が安定的、意欲的に事業展開できる仕組みの検討

事業経営の安定性を図る仕組みは、イコール・フッティングをめぐる検討、月額単価制の導入、指定更新制限のあり方、保育料未納への対応などかなり検討がなされたが、事業者が保育の質の向上に取り組むことにインセンティヴが働く仕組みの検討は、まだ不十分である。経験豊富なベテラン保育者を多く雇用していたり、研修制度が充実していたりする事業者に対する付加給付なども検討すべきである。

5. 担い手である保育士資格の再構築

(1) 保育教諭（仮称）が制度化されることとなるが、その場合には、まず国立大学において実験的養成が行われるべきである。国立大学付属幼稚園は総合施設（仮称）として、専門職養成に応えるべきである。そのうえで、保育教諭資格・免許の検討を急ぐべきである。

(2) 保育士資格の再構築が必要とされる。特に、就学後のケアワークを担う新たな子ども家庭福祉専門職や子育て支援専門職の資格創設や養成が必要とされる。今後の大きな課題であり、早急に論議を開始すべきである。

(3) 最も緊急に対応が必要とされる課題は、保育者の待遇向上である。どんな素晴らしい舞台が作られても、子どもを中心にそこで演ずる俳優（保育者）の待遇が貧しければ、魅力的な演目（保育）は展開されない。保育者養成現場から見れば、保育の舞台に上がろうとする俳優は急激に少なくなっている。まず、保育者の待遇向上が優先されなければならない。

6. 社会的養護や障害児福祉を包含する仕組み

新システムの検討は、保育・子育て支援だけではない。児童健全育成分野や社会的養護、障害児支援も視野に入っている。これらのシステムが、保育・子育て支援の新システムとかけ離れないように配慮すべきである。児童健全育成分野の検討は立ち遅れており、早急な検討が望まれる。

また、障害児保育を新システムにしっかりと位置付け、障害児保育給付、保育士の加配や保育所等訪問支援事業を積極的に実施し、障害児童の地域生活を支援すべきである。同時に、障害児支援システムのさらなる改革も進めるべきである。

すでに何度も主張しているとおり、100人のうちの99人で安心・安全な仕組みを作っても、1人の子どもを排除する仕組みは貧しい。新システムは、1人の子どもを排除せず、障害児福祉サービスや社会

的養護サービスもできる限り取り込むべきである。それが社会的排除
を生まない社会保障につながり、共生社会を実現することにもつなが
るのである。尊厳、共生、自己実現が保障される一環としての就学前
保育の実現が望まれる。」

　なお、これらの大部分は実現せず、子ども・子育て支援制度の残された課
題として引き継がれていくことになりました。子ども・子育て支援新制度の
全体構造は、介護保険制度を援用し、財源としては消費税財源を追加投入す
ることで全世代型社会保障を実現する、というイメージであり、このことは、
全ての厚労省関係者に共有されていたと思います。一方、幼保一体化のイ
メージは厚労省、文科省、さらにはワーキングチームメンバーによっても共有
化されておらず、議論はときに迷走しました。
　特に、一体化のイメージとして2006（平成18）年創設の認定こども園を
中心に構想せざるを得ないことはなんとなく共有されていましたが、総合こ
ども園のイメージは、フル装備の教育・保育施設なのか、標準的な教育・保
育施設とするのかについて意見が分かれていたように思います。私は、総合
こども園自体に大きな幻想を抱いてはいませんでしたが、一部委員にはこれ
までとは別の上質なものができるとの思いもあり、前述のとおり、議論は迷
走しました。また、保育と教育の内容についても考え方や教育観の違いなど
が先鋭化して、議論が感情的になったりもしました。でも、議論は少しずつ
収束の方向に向かっていき、全体的には良い制度案ができたと思っていまし
た。
　ただ、国会での修正には戸惑いました。民主党が自公の賛同を得るため3
党合意による修正を行ってしまったため、制度はモザイク状の複雑な体系に
なってしまいました。さらに、政党合意による国会修正のため、政府として
元の方向にインセンティヴを働かせることができにくくなり、制度の定着に
支障が出ることとなってしまいました。
　なお、新システムの創設に関して、OECDの幼児期早期介入により子ど
も家庭福祉問題の軽減と経済効果の両者があるという研究があり、それらが

このシステム検討の必要性を提起した側面があります。これに関し、わが国においては、子ども虐待の経済的損失や教育の経済効果などの研究が少ないことは事実だと思います。そうした研究の必要性を否定するわけではありませんが、もともとこうした人間の基本的人権に関する政策は経済的効果があるかないかで左右されるべきことではなく、普遍的価値として行わなければならないと感じているため、個人的には、あまりそうした研究には魅力を感じてはいませんでした。また、もともとわが国ではほぼすべての子どもが比較的良質な就学前教育を受けており、それ以外の子どもに対しては、基本的人権の保障のための政策として実施することが必要と感じています。

　さらに、子ども・子育て支援制度の議論は、はじめは教育を除外して考えていました。それが幼保一体化も含められるようになったのは、民主党政権下のことでした。幼稚園も土俵に上がることになると、厚労省で議論することはできません。したがって、行司役としての内閣府に新システム検討会議が設置されたことになります。後から、それも社会保障としての土俵に上がれと言われたため、文科省、幼稚園側の戸惑いや反発は大きかったと思います。こうしたことも、子ども・子育て支援制度に評価が集まらなかった原因の一つと言えるかと思います。

5　幼保連携型認定こども園教育・保育要領の作成

　内閣府・子ども・子育て会議が始まった年の2013（平成25）年6月、私は、幼保連携型認定こども園教育・保育要領を作成する厚生労働省側の会議体である厚生労働省社会保障審議会児童部会認定こども園保育専門委員会委員（2014〔平成26〕年3月まで）になりました。文部科学省にも会議体が作られ、両会議が合同で開催されるという形になりました。この会議は数回開催されましたが、委員の数が多く、それぞれが意見を言うだけで議論にはなり得ませんでした。我々の述べた意見もあまり反映されず、予定調和的に教育・保育要領に対する意見がまとまりましたが、それが顧みられることはあまりなかったと記憶しています。結果的には、役人による保育所保育指針と幼稚園

教育要領の切り貼りに、認定こども園に特有の事項が加筆されて要領は出来上がりました。

　教育・保育要領の検討は、まさに、学問分野で言えば、教育と福祉の接点の問題になります。教育と福祉のクロスオーバーは近年進みつつありますが、ほかには、スクールソーシャルワーカーの配置、特別支援教育と障害児支援、放課後子ども総合プランなどがあります。いずれも理念の相違を議論する必要性が幼保一元化ほど大きくないため、両者の融合は進んでいないと思います。今後は、「教育と福祉」ではなく、「教育福祉学」の確立が求められるのではないかと思います。政策論議が、こうした学問の成熟を促していくことを願っています。

［注］
1）大臣、副大臣、政務官を中心とするいわゆる政府内の政治家による会議であり、外部委員は構成メンバーとはなっていない組織である。このもとに、ワーキンググループが設置され、そこにはステークホルダーや研究者等が構成員として参画した。

[Ⅶ　地域子育て支援]

　地域子育て支援については、児童相談所において相談業務に携わっていたこともあり、常に関心を持っていました。ただ、私のこれまでの講演や原稿はあくまで児童相談所における対面式の相談援助が中心であり、それを地域子育て支援に援用していたにすぎませんでした。地域子育て支援が児童相談所における専門的相談援助とは決定的に異なると実感させられたのが、福祉医療機構の子育て支援基金助成の評価に携わってからでした。いろいろな子育て支援、特に地域子育て支援拠点に行かせていただき、有能な支援者と出会い、ご教示いただくうちに、当事者性と地域を念頭に置くことの重要性がわかってきました。これらをご教示いただいたのが、NPO法人手をつなごの千葉勝惠氏、松戸ハーモニーの荒久美子氏、石田尚美氏などでした。なかでも、東京都次世代育成支援計画策定委員会で出会った松田妙子氏との出会いは衝撃的でした。彼女の発言からは地域子育て支援の当事者性と地域性が

見事に紡ぎだされており、それ以降、私は松田氏を「師匠」と呼んでいます。ほかにも、いわゆるひろば全協の奥山千鶴子氏をはじめとする支援者、経営者の方々との付き合いは私の眼を大きく広げてくれました。

　児童相談所における相談支援は、たとえそこで臨床的支援が行われたとしても、それはあくまで個別の事例に対する行政機関（公権力の行使）としての支援であるといえます。一方、地域子育て支援は、予防や共助としての働きかけを含み、地域づくりをも目的の一つとする、いわゆるコミュニティワークとしての働きを含むものであることが理解できました。したがって、両者の支援は、異なる体系として考えなければならないと気付かされました。

　そんななか、2012（平成24）年5月、NPO法人子育てひろば全国連絡協議会・子育て支援コーディネーターの役割、あり方等の調査研究委員会委員長（2013〔平成25〕年3月まで）に、携わることとなりました。NPO法人子育てひろば全国連絡協議会は、地域子育て支援拠点事業を展開している法人等が加盟する全国団体です。加盟団体は多くはないのですが、地域子育て支援、それも当事者が支援者として成長しながら支援を進めている団体を代表する色彩が強いので、国は当協議会との話し合いを重視しているように思います。

　私は、石川県少子化対策担当顧問として子育て支援コーディネーター養成研修、フォローアップ研修等にも携わっていましたので、大きな関心をもって調査研究に携わりました。ここで、関西学院大学の橋本真紀氏ともご一緒し、地域子育て家庭支援や利用者支援について、学問的にも援助技術的にも深く学んでいくこととなりました。この調査研究は、私にとって大きな出来事でした。

　この調査研究は、子ども・子育て支援制度の創設に伴い、子ども・子育て支援法第59条第1項第1号としていわゆる「子どもまたは子どもの保護者からの相談に応じ、必要な情報の提供及び助言等を行う事業」、すなわち利用者支援事業が新たに法定化されたことを踏まえて開始されました。政府は、この利用者支援機能の中心的な担い手として地域子育て支援拠点を視野に入れていました。

調査研究では、こうした利用者支援を行う人材として「子育て支援コーディネーター」（仮称）の養成が必要になると考え、そのような人材が地域子育て支援拠点において活動することを念頭に置いた研究に着手することにしたわけです。報告では、子育て支援コーディネーターの役割として、1. 子育て家庭の包括的支援、2. 家庭状況の見極めと家族側からの状況の理解、3. 子ども自身の育ちを見通すコーディネート、4. 拠点を超えた地域資源のコーディネート、5. 横断的、縦断的につなぐコーディネート、6. 必要な機能、資源の見極め、提案、7. 地域資源の開発、8. 利用支援を入り口とした個別支援の展開、の8点を提示しています。

　また、コーディネーターに求められる力量としては、1. 利用者が主体であるという姿勢を貫ける力、2. 子育て家庭を包括的にとらえる力、3. 家庭の状況を見極める力、4. 地域を俯瞰する力、5. 地域資源の把握、調整（開発）とつながる力、6. 他専門職の解釈を理解し情報収集、提供を行う力、7. コーディネーターとしての思考過程の獲得、の7点があげられています。

　報告書を作成後、それを実際に動かしていくためのプログラム開発のため、引き続き、2013（平成25）年4月から子育てひろば全国連絡協議会・子育て支援コーディネーター養成講座プログラム開発に関する調査研究委員会委員長（2014〔平成26〕年3月まで）を務めることとなりました。この調査研究はプログラム開発でしたのでモデル研修を行ったりしてその評価をするもので、私は委員長として全体を統括しました。この2年間のひろば全協とのお付き合いは、私にとってとても貴重な体験でした。

　こうした縁があり、子ども・子育て支援法関係国会審議ののちの3党合意に基づく修正で急きょ地域子ども・子育て支援事業に創設されることとなった利用者支援事業の通知づくりに携わることとなりました。厚生労働省は、2013（平成25）年9月、タイム・エージェントに委託して「利用者支援事業の実施支援プログラム作成に係る調査研究委員会」を立ち上げ、私はその委員長になりました（2014〔平成26〕年3月まで）。

　この研究会は非公開であり、自由な意見交換と集中討論により、厚労省が作成する原案についてブラッシュアップを図っていきました。私はこの利用

者支援事業に携わる専門職を子育て支援専門員として介護支援専門員、障害者相談支援専門員と並び立つ国家資格に準ずる専門職にしたかったのですが、残念ながら事業実施要綱に利用者支援専門員として位置付けられるにとどまりました。また、資格についても、その後にできた子育て支援員研修制度において利用者支援コースができたにとどまりました。子ども・子育て分野でもケアプランが必要な人、家庭があると思っていたので、ここでそれができることを願いましたが、そこまではいきませんでした。

利用者支援事業は国会修正で急きょ創設されたため、社会的合意が十分に図られていなかったように思います。利用者支援事業、利用者支援専門員のイメージがわきにくく、保育コンシェルジュの名前に代表されるような水先案内人として理解され、子育ての相談支援や地域づくりまでを包含するソーシャルワーク的に援助を行う専門職としての理解が、浸透しなかったことが挙げられると思います。なので、それ以降も母子保健型などが作られたり、子育て世代包括支援センターが突如浮上して法改正が行われたりして混乱が続いており、子ども・子育て支援分野における利用者支援や地域包括支援の在り方検討は、今後の子ども家庭福祉の最大の課題といえるまでになっているといえるでしょう。

子育て世代包括支援センター浮上の契機としては、「少子化社会対策大綱」（平成 27 年 3 月 20 日閣議決定）及び「まち・ひと・しごと創生総合戦略（2015 年改訂版）」（平成 27 年 12 月 24 日）が挙げられます。2020 年度末までに、地域の実情等を踏まえながら、全国展開を目指すこととされています。2016（平成 28）年の改正児童福祉法に伴う母子保健法改正で母子健康包括支援センターとして法定化され、また、利用者支援事業母子保健型としての補助対象とされています。

したがって、妊娠期からの切れ目のない支援をめざす拠点としての意味合いが強くなっていますが、本来的には、高齢者の地域包括支援センターのように、地域の子ども・子育て問題に包括的に支援していく機関として期待されてもいます。今後、市区町村子ども家庭総合支援拠点、利用者支援事業、子育て世代包括支援センターといった拠点の整理が必要と思います。

［Ⅷ　統計行政］

　自分にとって珍しい分野としては、統計行政へのかかわりがあります。2000（平成12）年12月に、「21世紀出生児等縦断調査」に関する検討会委員（同年12月まで）として1回意見を求められたことがあり、これを契機として2001（平成13）年7月に社会保障審議会臨時委員（統計分科会委員、2011〔平成23〕年6月まで）を委嘱されました。社会保障審議会の臨時委員としては児童部会よりこちらが前身でしたので、選択の余地なく関わることとしました。この後、児童部会所属にもなりましたが、それは少し後のことでした。

　統計分科会は年間数回開かれていましたが、私は統計には詳しくないので参加の仕方に困りました。なんとなく悶々としながら出席していました。テーマは統計行政に関することそのもので、いくつかの報告書の議論にも関わりました。

　統計分科会の改選回数を満たした後も、引き続き、2010（平成22）年3月に厚生労働統計の整備に関する検討会委員（平成28年10月まで）を委嘱されて、年間数回の議論に携わりました。ただ、ここでは、厚生労働統計通信という月刊誌に何度かエッセイを書く機会に恵まれ、親鸞のことなど何度か書いたことがあります。今となっては、とても貴重な機会でした。

　また、ミレニアムベビー（2000年生まれの子ども）の縦断調査も興味深いものがありました。特に、こうした膨大で貴重なデータをもっと国民、研究者に開くべきだという考えは強く、何度かそうした意見を述べたことがあります。この縦断調査は本当に貴重で、たとえば、幼稚園と保育所の幼児教育の在り方に関する論争が続くなか、幼稚園出身児童と保育所出身児童が小学校到達時にできていることの相違などは、クロス集計をすればすぐにわかることとなります。また、子育て不安と子ども虐待との関係なども、追跡調査を含めて特殊集計をすればわかるのですが、なかなか実現はしませんでした。もったいない調査だと今でも思っています。

［Ⅸ　指針の作成］

　指針の作成にはずいぶんと取り組んできました。社会的養護関係施設の運営指針を作成する頃には、指針、ガイドラインは制度と実践をつなぐものという実感が強くなり、よりエネルギーを注ぐようになったと思います。

　指針、ガイドラインづくりに多く携わることができたのは、私の業績でもあり財産でもあると思っています。私が主として携わった主な指針等についてまとめて取り上げると、以下のとおりです。

1. 児童相談所運営指針
2. 子ども虐待対応の手引き
3. 保育所保育指針、幼保連携型認定こども園教育・保育要領
4. 要保護児童対策地域協議会設置・運営指針、市町村児童家庭相談援助指針
5. 児童館ガイドライン
6. 社会的養護関係施設運営指針、社会的養護関係施設運営ハンドブック、『社会的養護関係施設における「自己評価」「第三者評価」の手引き』
7. 放課後児童クラブガイドライン、放課後児童クラブ運営指針、放課後児童支援員認定資格研修、補助員の研修、講義概要

第 3 部

平成期子ども家庭福祉の
到達点とこれから

第1章

平成期子ども家庭福祉の新しい理念

子ども・子育て支援制度の創設と 2016（平成 28）年改正児童福祉法

1　子ども・子育ての動向

　厚生労働省の統計によれば、2018（平成 30）年の出生数は約 91 万 8000 人、合計特殊出生率[1] は 1.42 でした。出生数は、第二次ベビーブームのピークである 1973（昭和 48）年の 209 万人の半数以下にまで減少しました。同年生まれの女性は 2018（平成 30）年度には 45 歳となり、第三次ベビーブームのピークは見られないまま終わりました。

　また、1995（平成 7）年 4 月に約 160 万人だった保育所利用児童数は近年急激に増加し、2018（平成 30）年 4 月には保育所等利用児童数[2] は 250 万 6000 人となり、統計史上最高を更新しています。放課後児童クラブ登録児童数も 2018（平成 30）年 5 月現在、約 123 万 4000 人となり、これも統計史上最高を更新しています。出生数が統計史上最低なのに、保育サービスは統計史上最高を続けているのです。

　さらに、2018（平成 30）年度の子ども虐待件数は 15 万 9850 件（速報値）で、全国統計が開始された 1990（平成 2）年度の 1101 件の、実に 145 倍強となりました。施設や里親のもとで暮らす子どもの数も減少せず、社会的養護の下にある子どもたちは、2016（平成 28）年度末現在、約 4 万 5000 人となっています。いわゆる子どもの貧困やいじめ防止対策[3] も、大きな政策課題として浮かび上がっています。

　政府は子ども虐待死亡事例の検証を進めていますが、第 15 次報告の 2017（平成 29）年度では 65 人（心中以外は 52 人）、この 6 年間、年平均 76 人（親

子心中を含む）に及び、親子心中を除けば年間平均 47 人となっています。それらの検証からは、望まない妊娠・出産、飛び込み分娩（妊娠したが一度も産婦人科を受診せず、臨月近くに来院し出産すること）、貧困、頻繁な転居、孤立などの社会的排除やジェンダー問題といった現代社会の矛盾が凝縮して示されています。なお、（被措置児童等虐待）施設内虐待件数は、2015（平成27）年度 83 件（被害児童 123 人）、2016（平成 28）年度 87 件（同 128 人）であり、2014（平成 26）年度の 62 件（86 人）から増加しています。このように、子どもにとって住みにくい社会が進行しているといえます。

2 子ども家庭福祉制度の限界と新たな船出

　もともと子育ては、親族や地域社会の互助を前提として行われていました。戦後にできた児童福祉法はこの互助を前提とし、地域の互助においては対応できない子どもや家庭があった場合に、その子どもを要保護児童（保育に欠ける児童、養護に欠ける児童等）と認定し、行政機関が職権でその子どもを保育所（市町村）や児童養護施設（都道府県）等の施設に入所させて福祉を図るという構造を創りました。隣人が子どもに注意を与えたり、互いに子どもを預け合ったりする関係も普通に行われていました。しかし、20 世紀の特に後半、高度経済成長とともに地域社会の互助は崩壊に向かい、その結果、前述した前提そのものが崩れ、子育ては急速に閉塞的な状況を示すようになったのです。

　これに対し、政府も子ども家庭福祉施策の改革を進めてきました。その主たる方向は、施策幅の拡大、施策の普遍化、権利擁護の進展の 3 点といってよいでしょう。子育て支援施策の相次ぐ法定化と、国家計画によるか所数の増加も企図されてきました。しかし、こうした漸進的な改革では待機児童問題や子ども虐待の増加など現代社会の実情に十分対応していくことができず、ついに、政府は、抜本的な子ども家庭福祉・保育施策の改革を行うこととしました。つまり、高齢者福祉施策の抜本的改革として 2000（平成 12）年に導入された介護保険制度に倣った仕組みの導入です。これが、2015（平成

27) 年度から開始されている子ども・子育て支援制度です。

　社会的養護も、家庭養護の推進をめざして新たな道に踏み出しています。障害児童福祉も、地域生活支援をめざして大きく歩み始めています。子ども・子育ては、これまでの公的責任に基づく子どもの権利擁護施策とともに、利用者の尊厳と個人の選択を重視した社会連帯に基づく施策の併存という新たな時代に入っていきつつあるのです。

3　子ども・子育て支援制度の創設と現在

　子ども・子育て支援制度は、いわゆる社会づくり政策としての福祉改革と人づくり政策としての教育改革が結びついたものといえます。その根底を支える理念は、制度の谷間に落ちる子どもを防ぐいわゆるソーシャル・インクルージョン（social inclusion: 社会的包摂）[4]でなければならないと思います。

　しかし、制度開始後4年が過ぎても、子ども・子育て支援制度に幼稚園の参入は多くはなく、幼保連携型認定こども園は幼稚園、保育所をあわせた数の1割程度に留まっています。また、その地域格差も大きく開いています。私たちは、すべての子どもと子育て家庭が切れ目のない支援を受けられる社会、乳幼児期から質の高い教育を受けることができる社会をめざすことを、この制度によって創設しようとしてきました。そのことを、関係者一同が、今一度確認することが求められていると思います。

4　子ども・子育て支援制度の特徴と意義

　子ども・子育て支援制度の意義を考える際には、まず、子ども・子育て支援制度が何を背景とし、何を目的として創設されたのかについておさらいしておかなければなりません。子ども・子育て支援制度の根幹は以下の4点であり、いわば育児への介護保険モデルの援用であり、かつ、従来からの懸案であった幼保一体化の推進であるといえます。

①保育需要の掘り起こし（保育の必要性の認定）

②保育需要に見合うサービス確保の仕組みの創設（認可制度改革、確認制度の創設）

③必要な財源の確保（消費税財源）

④幼保一体化できる仕組みの創設

　本制度の源は、2000（平成12）年の介護保険法施行並びに社会福祉法の制定・施行、すなわち、社会福祉基礎構造改革にさかのぼることができます。その年、高齢者福祉制度において介護保険制度が創設されました。また、障害者福祉制度において支援費制度が始まり、それは2005（平成17）年の障害者自立支援法に基づく障害者施設等給付制度の創設につながっていきました。

　これらの動向を受け、子ども家庭福祉分野においても、狭義の公的責任論に基づく支援と社会連帯論に基づく子ども・子育て支援の両制度が必要とされ、2003（平成15）年に厚生労働省検討会が、社会連帯による次世代育成支援に向けて[5]と題する報告書を提案しました。いわゆる第三次ベビーブームの到来を前に、待機児童対策を強力に推進することも意図されていました。これが、現在の子ども・子育て支援制度のもとになる提言でした。

　そして、紆余曲折を経て、その12年後の2015（平成27）年度から、子ども・子育て支援制度が創設されたのです。新制度においては、これまでの検討に加え、当時の民主党政権でマニフェストとされていた幼保一体化ができる仕組み[6]が盛り込まれました。こうして、高齢者福祉、障害者福祉、子ども家庭福祉の3分野それぞれに、狭義の公的福祉制度と利用者主権を重視する給付制度との併存システムが実現することになりました。これが本制度の根本的意義といえるでしょう。

　この制度の具体的背景は、①待機児童対策、②地域の子どもを親の事情で分断しない、親の生活状況が変化しても同じ施設に通えること、③幼児期の教育の振興、3歳以上の子どもに学校教育を保障、④全世代型社会保障の実現、の4点といえます。そのことから、すべての子どもと子育て家庭が、切

第1章　平成期子ども家庭福祉の新しい理念

れ目のない支援を受けられる社会、乳幼児期から質の高い教育を受けることができる社会をめざすことを目標としているのです。しかし、前述したとおりまだまだ課題は多く、社会づくりはまだ始まったばかりといってよいでしょう。

5　子ども・子育て支援制度と社会連帯

　子ども・子育て支援制度の創設は、前述したとおり、利用者主体の視点や当事者の権利性を重視した仕組みの導入であるといえます。子ども・子育て支援法は、その理念について、「子ども・子育て支援は、父母その他の保護者が子育てについての第一義的責任を有するという基本的認識の下に、家庭、学校、地域、職域その他の社会のあらゆる分野における全ての構成員が、各々の役割を果たすとともに、相互に協力して行われなければならない」（第2条）と述べており、社会全体での子ども・子育て支援を強調しています。

　つまり、社会連帯の視点に立っているといえます。社会連帯とは、「個人の責任に帰することのできない事柄を社会全体で包み支え合う」ことをいいます。また、林[7]は社会連帯を、「社会を構成する個々の人々に対する『人間としての責任』を強調する道徳的行動原理である」としています。さらに、1998（平成10）年に出された「社会福祉基礎構造改革について（中間まとめ）」は、「これからの社会福祉の目的は、従来のような限られた者の保護・救済にとどまらず、国民全体を対象として、このような問題が発生した場合に社会連帯の考え方に立った支援を行い、個人が人としての尊厳をもって、家庭や地域の中で、障害の有無や年齢にかかわらず、その人らしい安心のある生活が送れるよう自立を支援することにある」と述べ、社会連帯の必要性を提起しています。

　一方、児童福祉法は、子ども・子育てに対する国及び地方公共団体、つまり「公」による責務、公的責任を強調しており、児童福祉法と子ども・子育て支援法が相まって、親の子ども・子育て支援が推進されると考えられるのです。これに、教育基本法、学校教育法、いわゆる認定こども園法等の人づくり政策を担う教育関係法が関わってくることとなります。子ども家庭福祉

の適切な展開には、公的責任、社会連帯、教育という3つの視点の整合性の確保が重要とされるのです。

6　2016（平成28）年改正児童福祉法の概要

2016（平成28）年6月3日、児童福祉法の理念規定がほぼ70年ぶりに改正されました。その含む理念内容についてはこれまでと大きな変更はありませんが、子どもの権利条約の文言を取り入れて子ども主体の視点を取り入れるなど、現代にマッチした表現に修正が行われました。この法律に基づいて新しい子ども家庭福祉の理念を考察すると、以下のとおりとなります。

まず、第1条の冒頭において、子どもの能動的権利をも保障する「児童の権利に関する条約の精神にのっとり……」と規定されるなど、子ども育成の理念がこれまでより大きく前進しました。第2条では、国民の子ども育成の努力義務、子どもの意見の尊重や最善の利益の保障、保護者の第一義的責任等が規定されています。続いて、新設された第3条の2第1項では、「国及び地方公共団体は、児童が家庭において心身ともに健やかに養育されるよう、児童の保護者を支援しなければならない」と規定し、それが困難な場合においても、子どもたちに家庭と同様の養育環境を提供することを原則としなければならないことが規定されています。

この改正に基づき、また、前項の子ども・子育て支援法による社会連帯の視点も含めて、子ども家庭福祉における子、親、公、社会の関係を図式化すると、図3のようになります。

まず、児童福祉法第2条第2項に親・保護者の子どもの養育に関する第一義的責任が規定され、民法第820条には、親について、子の利益のための養育義務を排他的に果たす権利が規定されています。そして、この養育義務が適切に果たせるよう親・保護者に対する国・地方公共団体の子育て家庭支援義務（児童福祉法第2条第3項、第3条の2）並びに国民、社会全体の努力義務（同第2条第1項）が規定されています。いわば、公的責任と社会連帯に基づく子ども家庭福祉の責務といえます。後者は、子ども・子育て支援法第

第1章　平成期子ども家庭福祉の新しい理念　　175

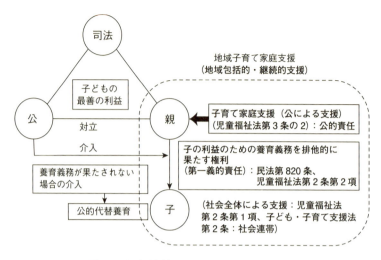

図3　子ども家庭福祉における子、親、公、社会の関係
出所：柏女作成

2条の理念にも通ずるものともなります。

　そのうえで、親・保護者が、子の利益のための養育義務を適切に行使していないと公が判断した場合には、児童相談所や市町村が親子関係に対して公的介入を行うこととなります。この場合の介入を正当化する原理が「子どもの最善の利益」[8]（子どもの権利条約第3条、児童福祉法第1条）であり、必要に応じ、公が用意した代替養育のもとに子どもが入ることとなります。こうした公の介入と親・保護者の意向とが相容れない場合には、司法が「子どもの最善の利益」を判断基準として審判を行うこととなります。これが、子ども家庭福祉の制度的構造であり、新しい理念、原理であるといえるでしょう。

7　障害児支援の理念

　また、新しい障害児支援の理念としては、いわゆる障害者総合支援法第1条の2、子どもの権利条約、障害者の権利条約、障害者基本法、障害を理由

とする差別の解消の推進に関する法律などにみられる「共生社会の実現」とそのための「地域生活支援」、「子どもの最善の利益」、「包容と参加」、「合理的配慮」などがあります。

　子どもの権利条約は、子どもの最善の利益保障を最大の理念としつつも、子どもも主体的に自分の人生を精一杯生きようとしている存在であるという、権利行使の主体としての子ども観を鮮明に打ち出しています。さらに、障害者の権利条約も、その第7条（障害のある児童）において子どもの権利条約の趣旨を引き継ぐとともに、意見を表明するために支援を提供される権利を有することを言明しています。そのことは、障害者の権利条約第2条の合理的配慮や障害者基本法改正、いわゆる障害者差別解消法の理念にもつながってきます。

　さらに、障害者基本法第17条第1項（療育）は、身近な場所における「療育その他これに関連する支援」という表現で、子どもの療育並びに家族・きょうだいに対する支援などが講じられるべきことを規定しています。これは、発達支援[9]の視点といえます。このように、障害児支援の理念は、地域生活支援や権利擁護を主眼とする地域社会への包容・参加（インクルージョン）[10]であるといってよいでしょう。

［注］
1）15～49歳までの女性の年齢別出生率を合計したもので、ひとりの女性が、仮にその年次の年齢別出生率で一生の間に生むとしたときの子どもの数に相当する。
2）子ども・子育て支援制度の創設に伴い、これまでの保育所利用児童数に関する国の統計が修正され、保育所のほか幼保連携型認定こども園、幼稚園型認定こども園等と地域型保育事業（2号・3号認定子ども）を含めた認可施設・事業利用児童数の総計が公表されることとなった。ここでは、保育所と幼保連携型認定こども園の2、3号認定子どもの合計を指している。
3）2013（平成25）年6月、「いじめ防止対策推進法」が公布され、学校におけるいじめの定義、いじめ防止基本方針の策定、基本施策、重大事態への対処（事実関係を明確にするための調査とそれをもとにした措置等）等が規定された。
4）イギリス、フランスなどにおける近年の社会福祉再編の基本理念のひとつであり、失業者、ホームレスなど社会的に排除されている人びとの市民権を回復し、公的扶助や

就労機会の提供などを通じて、再び社会に参入することを目標とする考え方のことである。わが国では 2000（平成 12）年、厚生労働省に設置された「社会的な援護を要する人々に対する社会福祉のあり方に関する検討会」において、「包み支え合う（ソーシャル・インクルージョン）ための社会福祉を模索する必要がある」と、新しい社会福祉の考え方として示されている。

5）この報告書は、社会保険方式の制度創設を提言し、且つ、幼保一体化は盛り込まれておらず、厚生労働省管轄のサービスのみを対象としていた。つまり、高齢者福祉、障害者福祉の子ども家庭福祉版、なかでも、待機児童対策としての保育サービスの普遍化を目的としていたといえる。

6）この仕組みについては、政府提案の法案においては、保育所は一部を除いてほぼすべて総合こども園に認可替えすることになっていたが、いわゆる 3 党合意に基づく国会修正のなかで、幼保連携型認定こども園への認可替えは任意とされた経緯がある。

7）林信明「社会連帯」日本社会福祉学会事典編集委員会（編）『社会福祉学事典』丸善出版、2014、p.30

8）子どもの最善の利益（the Best Interest of the Child）とは、子ども家庭福祉の根拠となる基本的で最も重要な概念である。子どもの最善の利益の確保は、大正 13（1924）年の「児童の権利に関するジュネーブ宣言」（国際連盟）以来、現在の「児童の権利に関する条約」に至るまで、世界の子ども家庭福祉の基本理念となっている。なお、筆者による子供の最善の利益の考察については拙著（2019）『子ども家庭福祉学序説』誠信書房　をご参照いただきたい。

9）発達支援の概念については、2014（平成 26）年 7 月に公表された厚生労働省の障害児支援の在り方に関する検討報告書が示す如く、「障害のある子ども（またはその可能性のある子ども）の発達上の課題を達成させていくことのほか、家族支援、地域支援をも包含した概念」として捉えておきたい。

10）地域社会への包容・参加とは、地域社会において、すべての人が孤立したり排除されたりしないよう援護し、社会の構成員として包み支え合うことである。障害者の権利条約第一九条は、「この条約の締約国は、全ての障害者が他の者と平等の選択の機会をもって地域社会で生活する平等の権利を有することを認めるものとし、障害者が、この権利を完全に享受し、並びに地域社会に完全に包容され、及び参加すること（full inclusion and participation in the community）を容易にするための効果的かつ適当な措置をとる」としている。

第2章

子ども家庭福祉の現在の課題と
視野に入れるべき動向

1　子ども家庭福祉の分野別課題

　続いて、子ども家庭福祉が対応すべき子ども・子育て問題には、どのようなものがあるのでしょうか。以下に項目のみ整理してみます。

(1) 子ども虐待防止・社会的養護サービス
- ・早期発見・早期通告の体制づくり
- ・近隣で声を掛け合える関係づくり
- ・市区町村子ども家庭総合支援拠点のあり方検討
- ・市町村の子ども・子育て支援と都道府県の児童相談所、社会的養護のつなぎ
- ・一時保護のあり方検討
- ・司法関与の強化
- ・児童相談所の役割の再検討
- ・社会的養護改革（家庭養護優先の原則）：家庭養護の振興、自立支援、高等教育進学支援等
- ・特別養子縁組あっせんの振興
- ・妊娠期からの切れ目のない支援―望まない妊娠、国際養子縁組など

（2）地域子ども・子育て支援サービス

- ・子育て支援の理念の共通理解
- ・利用者支援事業、子育て世代包括支援センターの展開（包括的支援、ワンストップ）
- ・放課後児童クラブの待機児童解消、質の向上
- ・地域子育て支援拠点、一時保育、ファミリーサポートなどの拡充
- ・育児の孤立化、育児不安
- ・有害環境、遊び場不足、交通事故など地域環境上の問題への対応
- ・子育てに対する経済的支援、子どもの貧困対策

（3）保育サービス

- ・待機児童解消
- ・保育士不足の解消
- ・幼保一体化の進展
- ・保育サービスの質の向上
- ・多様な保育サービスの拡充

（4）ひとり親家庭福祉サービス

- ・子どもの貧困対策―学習支援、子ども食堂、高等教育進学支援など
- ・就労支援
- ・経済的支援
- ・養育費の確保、面接交渉など
- ・配偶者間暴力防止と子どもたちの支援
- ・生活支援―母子生活支援施設、ヘルパー派遣など

（5）障害

- ・子ども・子育て支援一般施策における障害児支援の充実
- ・子ども・子育て支援施策から障害児支援施策へのつなぎの配慮
- ・子ども・子育て支援施策に対する障害児支援施策の後方支援

・障害児支援に固有の施策の充実

　・新しい課題への対応―医療的ケア児への支援、発達障害児童への支援、

　　障害児童の地域生活支援、合理的配慮等

・難病児対策

(6) その他

　・ひきこもり・不登校への支援

　・非行防止、矯正施策の充実

　・いじめなど子どもの生活環境上の問題への対応

　・多胎児支援

　・その他

　それぞれの改革の方向を示すキーワードは、「親と子のウエルビーイング」（保育・子育て支援）、「あたりまえの生活の保障（家庭養護の推進と地域化）」（社会的養護）、「地域生活支援」（障害児童福祉）、「豊かな放課後生活の保障と生きる力の育成」（児童健全育成）です。すなわち、ウエルビーイング、子どもの最善の利益、あたりまえの暮らしの3つを保障することが通底する理念といえます。この実現のためには、後述するように、子ども家庭福祉の基礎構造改革が必要とされます。子ども家庭福祉の今後の方向は、分野ごとの分断を解消し、包括的でインクルーシヴな基礎構造を創り上げることにあると思います。

2　今後の子ども家庭福祉を考えるうえでの新たな動向

　2020年度から、子ども・子育て支援制度の第2期計画期間が始まります。平成期を引き継ぐ第2期計画検討で、視野に入れておく必要のある動向を提示すると、以下のような事項が挙げられます。

（1）保育・子育て支援政策動向

　まず、最初に挙げられるのは、保育サービスの潜在的利用希望層が急激に顕在化してきたことです。このことは、介護保険制度や障害者支援費制度創設時でも同様の現象が生じておりある程度は予想できたことですが、予想を超えて潜在需要が顕在化していることが、今日のいわゆる待機児童問題を深刻なものにしています。また、保育認定を受けても保育サービスを利用できない事態に利用者の怒りが爆発[1]したこともあり、政府は、ようやく待機児童問題解消に本腰を入れることとなりました。

　このこと自体は、今まで声を上げられなかった層が権利を主張できるようになったことを示しており、本制度創設の意義にかなったことといえます。課題は、こうした需要の表面化に供給が追い付いていないことであり、また、需要の急速な伸びを見誤ったことだといわなければならないでしょう。

　続いて、幼保連携型認定こども園の創設による幼保一体化の推進が、インセンティヴ不足もあって十分に進んでいないことが挙げられます。その結果、もともと幼保一元化[2]をめざした子ども・子育て支援制度が、いわゆる保育三元化の事態を生み出しています。幼稚園の子ども・子育て支援制度への参入も緩やかであり、当初の目的であった「親の実情による子どもの生活の切れ目」の解消は足踏み状態といってよいでしょう。こうした動向は、地域型保育事業や企業主導型保育事業等の創設等もあり、利用者の選択に資する半面、制度の複雑化に拍車をかけています。

　このほか、保育士、保育教諭の処遇改善制度における混乱についても取りあげておかねばなりません。そもそも、専門職としての「保育士」に係るキャリアパス制度の創設と特定教育・保育施設職員の待遇改善とは別のシステム整備に関わることであり、それを一緒にしてしまったことに混乱が生じた要因があると考えられます。このため、公定価格制度となっておらず待遇改善の対象とされていない公立保育所保育士たちがキャリアパス制度から外されてしまう事態となりました。また、私立保育所等を運営する法人が創設するキャリアパスに公的な研修受講を要件としてしまったことも、混乱を招いてしまった一因といってよいと思います。二つの政策を分離し、処遇改善は

すべての保育士を対象とし、また、キャリアパスを法令に規定するなど制度の改善が必要とされています。

さらに、待機児童対策を主眼として、物的、人的規制緩和や企業主導型保育事業の創設[3]等保育サービスの量的拡充を中心とする政策が進み、質の低下を懸念させる事態も起こっています。また、その一方で、三指針・要領の改定、特定教育・保育施設におけるキャリアパスの整備と待遇向上など、保育の質の向上をめざす施策も進められていますが、前述のとおり、その制度的担保策が十分に示されていないことが課題となっています。

しかしながら、前述のとおり、保育の質の向上を担う保育人材の規制緩和への対処が示されていない、キャリアパスが法令並びに指針や要領に規定されていないなど、指針・要領における保育の質の向上の実質化に懸念をもたらす事態も生じています。また、いわゆる幼児教育センターのモデル事業である「幼児教育の推進体制構築事業」がいわゆる幼稚園の教育課程における幼児教育の振興が主眼[4]となり、保育所や幼保連携型認定こども園における1日の流れを通した教育や三歳未満児の教育が十分に意識されていない点も懸念が残ります。こうした研究や研修をもとにして、いわゆる4時間の教育が幼児教育アドバイザーの派遣と指導によって進められていけば、保育所等における0歳児からの1日の流れを通した教育がいわゆる教育と保育とに分断されてしまうという危惧を拭い去ることができません。

また、2017（平成29）年12月8日に閣議決定された「新しい経済政策パッケージ」も大きな影響を与えることとなります。具体的には、待機児童解消に向けた「子育て安心プラン」の2年前倒し、そのために必要とされる保育人材確保のための処遇改善、幼児教育・保育の無償化（3-5歳は無償化、0-2歳は低所得者のみ無償化。一定の場合には、認可外保育施設も対象）[5]などが進められていくこととなります。これらは、潜在的保育ニーズの顕在化をさらに加速させ、待機児童解消に向けた32万人の保育供給ではおさまらない量の保育ニーズを顕在化させることにもなりかねないと懸念されています。

なお、改正保育所保育指針等が2018（平成30）年度から施行されたことに伴い、保育士養成課程も改正されました。このなかでは「保育相談支援」

の科目名が「子育て支援」に変更されるほか「相談援助」科目もなくなるなど、保育士が有する保護者支援の専門性や福祉的視点が弱体化する懸念があります。困難な状況に置かれた家庭の支援や子ども虐待防止など、保育ソーシャルワークは一体どこに向かうのでしょうか。

(2) いわゆる幼児教育・保育の無償化

　2019年10月からの幼児教育・保育無償化のための子ども・子育て支援法一部改正法が成立・公布されました。その概要は法の概要のとおりであり、特定教育・保育施設や地域型保育事業の無償化を政令改正で行うほか、認可外保育施設利用児童の保育料の無償化のため、これまでの子どものための現金給付、子どものための教育・保育給付のほかに、新たに「子育てのための施設等利用給付」が創設されました。

　無償化の内容については、認定こども園、幼稚園、保育所等については、利用者負担を無償化する措置を講じることとし、就学前の障害児の発達支援（3歳以上児）についても、児童福祉法施行令を改正し、利用者負担を無償化する措置を講じています。支給要件は、市町村の認定を受けた以下の要件を満たすものを対象としています。すなわち、3歳から5歳まで（小学校就学前まで）の子ども並びに、0歳から2歳までの住民税非課税世帯の子どもであって、保育の必要性がある子どもとします。なお、費用負担並びに本給付に要する費用は、原則、国が2分の1、都道府県が4分の1、市町村が4分の1を負担します。ただし、2019（令和元）年度に限り、地方負担部分について全額国費により補填されます。

　今後、自治体によっては、食材費の保護者からの徴収事務などが新たに発生する場合があります。その場合、食材費徴収限度額以下の収入世帯の把握など個人情報に関わる部分も多く、自治体との連携が求められるところです。また、食材費については、自治体単独補助（食材費相当分の助成など）が行われる場合もあり、さらには、食材費徴収の説明責任や未収金の徴収も事業者に任されると混乱が生ずる可能性もあります。

　幼児教育の無償化は全世代型社会保障実現の観点から望ましい政策といえ

子ども・子育て支援法の一部を改正する法律の概要

我が国における急速な少子化の進行並びに幼児期の教育及び保育の重要性に鑑み、総合的な少子化対策を推進する一環として、子育てを行う家庭の経済的負担の軽減を図るため、市町村の確認を受けた幼児期の教育及び保育等を行う施設等の利用に関する給付制度を創設する等の措置を講ずる。

概要

1. 基本理念

子ども・子育て支援の内容及び水準について、全ての子どもが健やかに成長するように支援するものであって、良質かつ適切なものであることに加え、子どもの保護者の経済的負担の軽減に適切に配慮されたものとする旨を基本理念に追加する。

※ 現行法上に基づく個人給付の対象となっている認定こども園、幼稚園、保育所等については、子ども・子育て支援法施行令(平成26年政令第213号)を改正し、利用者負担を無償化する措置を講じる。

※ 就学前の障害児の発達支援についても、児童福祉法施行令(昭和23年政令第74号)を改正し、利用者負担を無償化する措置を講じる。

2. 子どものための施設等利用給付の創設

(1) 対象施設等を利用した際に要する費用の支給

市町村は、①の対象施設等を②の支給要件を満たした子どもが利用した際に要する費用を支給する。

①対象施設等

子どものための教育・保育給付の対象である幼稚園、特別支援学校の幼稚部、認可外保育施設(※)、預かり保育事業、一時預かり事業、病児保育事業、子育て援助活動支援事業であって、市町村の確認を受けたものを対象とする。

※ 認可外保育施設については、児童福祉法(昭和22年法律第164号)に基づく届出がされ、国が定める基準を満たすものに限るが、5年間は届出のみで足りる経過措置を設ける。当該基準を満たさない施設についても、対象施設をその基準を満たす施設に限ることとする。

②支給要件

以下のいずれかに該当する子どもであって市町村の認定を受けたものを対象とする。
・3歳から5歳まで(小学校就学前まで)の子ども
・0歳から2歳までの住民税非課税世帯の子どもであって、保育の必要性がある子ども

(2) 費用負担

・本給付に要する費用は、原則、国が2分の1、都道府県が4分の1、市町村が4分の1を負担する。

※ 平成31年度に限り、地方負担分について全額国費により補塡するため、必要な規定を設ける。

(3) その他

・市町村が適正な給付を行うため、対象施設等を確認し、必要に応じ報告等を求めることができる規定を設ける。
・差押え、公租公課の禁止、給付を受ける権利(に係る)等の規定を設ける。
・特別会計に関する法律(平成19年法律第23号)等の関係法律について、所要の改正を行うとともに、経過措置について定める。

施行期日

令和元年10月1日(一部の規定については、公布の日から施行)

出所:子ども・子育て支援法の一部を改正する法律案の概要 内閣府(2019)を一部改正

ますが、無償化に関する事務については、今後、食材費の徴収事務などをめぐって相当な混乱が起こる可能性もあり、国と自治体によるていねいな制度設計と保護者、事業者に対する説明が求められると思います。なお、無償化と待機児童対策は別次元の政策であり、無償化によって待機児童解消が遅れることはあってはならないと思います。

(3) 子どもの貧困対策の推進に関する法律

　2014（平成26）年1月に施行された子どもの貧困対策の推進に関する法律に基づく「子どもの貧困対策に関する大綱」の視点を、市町村や都道府県の子ども・子育て支援事業計画（市町村）、同事業支援計画（都道府県）に盛り込んでいくことは、切れ目のない支援を進めていくうえで欠くことのできないことと思います。生活保護世帯、生活困窮者世帯、ひとり親世帯の子どもたちのほか社会的養護の下で生活する子どもに対する教育支援、生活支援、保護者に対する就労支援、経済的支援などを視野に入れていくことが必要とされるでしょう。本法は2019（令和元）年に改正が行われており、まもなく大綱の改正も決定の運びとなっています。

(4) 市区町村子ども家庭総合支援拠点と子育て世代包括支援センター、
　　利用者支援事業

　子ども家庭福祉分野における地域包括的支援体制の確立も、大きな課題の一つです。2016（平成28）年改正児童福祉法において「市区町村子ども家庭総合支援拠点」の整備が市町村の努力義務とされ、同法に伴う改正母子保健法において母子健康包括支援センター（子育て世代包括支援センター）が法定化されたことは、国庫補助事業である利用者支援事業も含めて、子ども家庭福祉分野における地域包括的・継続的支援[6]の可能性を示唆するものとして、高く評価されるべきと思います。今後は、この3つの包括的支援拠点の整理がなされ、全国展開へと結びつけていく必要があるでしょう。

(5) 都道府県社会的養育推進計画

　社会的養護分野においては、2015（平成27）年度から、「社会的養護の課題と将来像」[17]の実現に向けて、都道府県家庭的養護推進計画や都道府県子ども・子育て支援事業支援計画に基づいて施策の推進が図られてきました。その一環として、社会的養護関係施設の小規模化、地域化に向けた職員配置基準の向上も実現しました。児童養護施設の場合、保育士と児童指導員を合わせた直接処遇職員の配置を、職員と子どもの愛着関係の形成を考慮して、0、1歳児1.3：1、2歳児2：1、3歳以上幼児3：1、小学校以上4：1とされました。

　また、小規模グループケア、地域小規模児童養護施設のか所数の増が図られ、2029年度末までに全施設を小規模化し、本体施設、グループホーム、里親等を3分の1ずつにすること、そのために、児童養護施設及び乳児院における里親支援専門相談員の配置、児童養護施設等の職員給与の増並びにキャリアアップの仕組みの創設も図られました。これで、児童養護施設の職員配置基準は、主として知的障害児を入所させる指定福祉型障害児入所施設のそれを超えることとなりました。

　2016（平成28）年改正児童福祉法第3条の2、第48条の3にみる家庭養護優先の原則や施設入所中の子どもに家庭養護、家庭的養護を提供する施設の役割規定は、単なる理念規定ではありません。また、本来、障害児入所施設においても適用されるべき規定です。

　改正児童福祉法を受け、2017（平成29）年8月には、政府の検討会により社会的養護の新たな方向性を示す「新しい社会的養育ビジョン」が公表されています。報告書は、①市区町村を中心とした支援体制の構築、②児童相談所の機能強化と一時保護改革、③代替養育における「家庭と同様の養育環境」原則に関して、乳幼児期から段階を踏みながら徹底化、家庭養育が不適当な子どもへの施設養育の小規模化・地域分散化・高機能化、④パーマネンシー保障の徹底、⑤代替養育や集中的在宅ケアを受けた子どもの自立支援の徹底などを、時限を区切ってめざすものです。

　なかでも、就学前の子どもはおおむね7年以内に里親委託率75％を達成し、

学童期はおおむね 10 年以内をめどに里親委託率 50％以上を実現するという数値目標は、これまでの数値目標を大きく上回るものと、関係者に衝撃をもって受け止められています。これに基づけば、今後、施設の役割は大きく変質することとなり、在宅サービスの在り方も大きく変わることが予想されます。

これらを受け、2018（平成 30）年 7 月には、厚生労働省から「都道府県社会的養育推進計画の策定要領」が子ども家庭局長通知として発出されています。あわせて、「一時保護ガイドライン」、「フォスタリング機関（里親養育包括支援機関）及びその業務に関するガイドライン」、「乳児院・児童養護施設の高機能化及び多機能化・機能転換、小規模かつ地域分散化の進め方」が通知されました。「児童相談所運営指針」も大きく改訂されました。

今後は、家庭養護支援、特に、民間フォスタリング機関の充実と児童福祉施設の里親支援、里親を包むチーム養育の在り方の検討など、社会的養護全体のシステム改革が必要とされているのです。施設から里親に委託すると施設が経営難になるという現在の措置費のありようの是正、つまり、家庭養護推進にインセンティヴ（意欲刺激）が働くシステム改革も求められてくることとなるでしょう。児童福祉施設の機能進化が求められているのだと思います。特別養子縁組制度の改定も行われ、特別養子縁組あっせん機関の振興も必要とされています。子どもたちに家庭養育を保障するための諸改革が求められているのです。

（6）児童虐待防止対策の強化に向けた緊急総合対策

増加する子ども虐待に対し、子どもの命がこれ以上失われることがないよう、国・自治体・関係機関が一体となって取り組む「児童虐待防止対策の強化に向けた緊急総合対策」が、2018（平成 30）年 7 月に、児童虐待防止対策に関する関係閣僚会議によって決定されました。そのなかで、2016（平成 28）年から 2019（平成 31）年度までの児童相談所強化プランを前倒しするほか、新たに市町村の体制強化を盛り込んだ 2019（平成 31）年度から 2022 年度までを期間とする「児童虐待防止対策体制総合強化プラン」（新プラン）

も策定されました。なお、この計画は、相次ぐ子ども虐待死亡事件を受けて、一部前倒しされることとなりました。

その骨子は、児童相談所の一層の体制強化を図るため、児童福祉司の増員を図るほか里親養育支援のための児童福祉司、市町村支援のための児童福祉司を配置すること、児童心理司、保健師、弁護士配置の強化、一時保護所の職員体制の強化を図ることなどです。また、市町村の体制強化として、市区町村子ども家庭総合支援拠点の設置促進、要保護児童対策地域協議会の機能強化も図られることとなり、市町村における包括的支援の強化と都道府県児童相談所との連携強化による切れ目のない支援が求められているのです。

なお、2019（令和元）年6月には児童虐待防止策の一層の強化を図る児童福祉法、いわゆる児童虐待防止法等の一部改正法が成立、公布されています。一連の子ども虐待死亡事例を置けての緊急的な法改正ですが、その概要は以下のとおりです。たとえば、保護者や児童福祉施設長による体罰の禁止規定の創設のほか、児童相談所における支援と介入職員の分離や弁護士、医師等の配置強化などの体制強化や児童相談所の設置促進、関係機関との連携強化がめざされています。また、民法に定める親の子に対する懲戒権のあり方について2年をめどに検討することとされ、子ども家庭福祉分野における専門職の資格のあり方に関しても、施行後1年をめどに検討することとされています。今後、体罰の具体的内容や懲戒権の乱用禁止規定との整合性なども検討されていくことになるでしょう。

(7) 放課後児童クラブの拡充

子ども・子育て支援制度が介護保険制度と同様、保育サービス利用者の潜在ニーズを大きく掘り起こしたことは、就学後に利用することとなる放課後児童クラブのニーズ拡大に火をつけることとなりました。今後、放課後児童クラブに対するニーズは拡大の一途をたどることが予想され、量的拡充と質の維持・向上を巡ってさまざまな論議が展開されることとなるでしょう。

放課後児童クラブを含めた子どもの放課後生活保障のあり方が、問われてくることになると思います。今のうちに、放課後児童クラブのほか児童厚生

施設や放課後子供教室、プレイパークなどの子どもの放課後生活保障の原理や体系を固めておかないと、保育の量整備以上の混乱を引き起こすことが懸念されるように思います。すでに、放課後児童クラブの設備運営基準に関して、従うべき基準を参酌基準化[8]する法改正も成立しており、クラブの質に関する懸念も広がっています。

こうした事態に対応し、社会保障審議会児童部会放課後児童対策に関する専門委員会は、2018（平成30）年7月に「総合的な放課後児童対策に向けて」と題する中間とりまとめを公表しています。報告書は、子どもたちの放課後生活保障の重要性とその理念についても議論し、以下の方向性を提示しています。

①児童の権利に関する条約と改正児童福祉法の理念を踏まえた子どもの主体性を尊重した育成
②子どもの「生きる力」の育成
③地域共生社会を創出することのできる子どもの育成

そのうえで、子どもが育つ場が地域に幅広く用意される必要があり、総合的な放課後対策の展開が必要と提言しています。これらは子どもの放課後対策のみならず、すべての分野における子どもの育成理念として重要であり、今後の羅針盤としても活用すべきと思います。

なお、2018（平成30）年9月には、2019（平成31）年度から5年間の計画である新・放課後子ども総合プランが政府により策定されています。これは、2019（平成31）年度から2021（令和3）年度までの3年間に25万人分の放課後児童クラブを整備し、その後の2年間でさらに5万人分上乗せして、総整備数を152万人分とする計画です。その方法として、放課後子供教室との一体的実施を1万か所にすることをはじめ、新整備クラブの80％を小学校内実施とするものです。このことは、子どもの放課後生活が学校教育も含めて学校内で完結する政策ともいえ、地域の人々との交流の確保等の政策とセットにしなければ、子どもの育成に懸念を抱かせるものであるといえます。

（8）障害児福祉計画など障害児支援の方向

　2016（平成 28）年改正障害者総合支援法・児童福祉法により、2018（平成30）年度から 3 年を 1 期とする第 1 期障害児福祉計画の策定が自治体に義務付けられました。計画の策定指針には、障害児支援に固有の施設・事業のみならず、子ども・子育て支援制度下の特定教育・保育施設等における障害児の受入れに関する計画策定も求められており、障害児の地域生活支援に関する視点が重要視されています。いわゆる障害者差別解消法の施行も、これに拍車をかけることとなります。この結果、子ども・子育て支援制度に係る第2 期計画の策定にあたって、障害児支援制度との関係整理は重要な論点になると考えられます。

　これからの障害児支援の基本は、子どもたちにあたりまえの生活を保障することにあります。そのためには、障害児が地域の身近なところで生活を営むことができるよう支援していくことが必要とされています。これからの障害児支援の基本は、子どもたちにあたりまえの生活を保障することにあります。そのためには、地域生活支援が最も必要とされます。地域の身近なところで生活を営むことができ、また、専門的な療育支援が受けられるような社会にしていかなければなりません。

　さらに、家庭環境を奪われた子どもたちには、代替的環境としてまず家庭養護が検討され、それが困難な場合にはそれに近い環境が用意されなければならないでしょう。本体施設は重装備化し、子どもの治療的支援や里親・ファミリーホームを支援する機能を持たなければなりません。国では 2019（平成 31）年 2 月から障害児入所施設の在り方に関する検討会（柏女霊峰座長）が開始されていますが、こうした方向性が検討されることが必要と思っています。

　このような点を踏まえると、今後の障害児支援施策は、以下の 4 つの次元で充実されなければならないでしょう。

①子ども・子育て支援制度における障害児支援の充実（合理的配慮を含む）
②子ども・子育て支援制度から障害児固有の支援サービスへのつなぎの充実

③子ども・子育て支援制度の各施策に対する障害児支援施策による後方支援の充実

④障害児に固有の支援施策の充実

（9）新福祉ビジョン

2015（平成27）年9月、厚生労働省の新たな福祉サービスのシステム等のあり方検討プロジェクトチームが、「誰もが支え合う　地域の構築　に向けた福祉　サービスの実現－新たな時代に対応した福祉の提供ビジョン－」と題する報告書を公表しました。これは「新福祉ビジョン」とよばれ、人口減少社会を視野に新しい地域包括支援体制の確立をめざす提言です。具体的には、地域において高齢、障害、児童等分野横断的な総合的な支援を提供することとし、そのための分野横断的な共生型サービスの創設や総合的な人材の育成・確保をめざすビジョンです。

2017（平成29）年の介護保険法や社会福祉法等の一部改正法により、高齢や障害分野において先取りが進められています。子ども家庭福祉分野においても、障害児支援分野において共生型サービスの創設が図られており、地域子育て支援拠点や利用者支援事業には、高齢者福祉や障害者福祉も含めたワンストップ相談機能に関する規定が設けられています。

なお、新福祉ビジョンは保育士、介護福祉士、社会福祉士、看護師等の対人援助専門職の共通資格課程の導入に向けた検討も求めています。一方で、保育士については幼稚園教諭との資格・免許の併有化が進められています。社会的養護や放課後児童クラブにおける子どもの育成支援を担う人材といったチャイルド・ケアワーカーとして専門性も求められており、今後、保育士資格を巡って、福祉職か教育職かといった検討が始まることも予想されます。

先述した児童福祉法等一部改正法でも、子ども家庭福祉分野における専門職の資格のあり方に関して、施行後1年を目途に検討することとされています。施行は2020（令和2）年4月が予定されていますので、2年後ということになります。

私は、子ども家庭福祉分野のソーシャルワーカーを社会福祉士から分離し

て資格化するという一部の考えには、人口減少時代における地域包括的支援を進める必要性から反対です。しかし、このことを契機に、保育士資格を就学前教育職である保育教諭と、18歳未満の子どものケアワーク専門職である養育福祉士（仮称）とに分割し、国家資格化することは、検討に値するのではないかと思っています。このように、専門職の資格化については、現実をつぶさに分析し、地に足の着いた議論が必要と思います。

［注］
1）社会のありようや子どもと子育て家庭を包む環境は、ときとして、子ども家庭福祉の変革を導き出す大きなエネルギーとなる。たとえば、2010（平成22）年12月からのいわゆるタイガーマスク運動や2016（平成28）年の「保育園落ちた。日本死ね！」の匿名ブログが国会や政府を動かし、社会的養護や保育政策を大きく進めたことなどが記憶に新しい。
2）わが国は、文部科学省所管の学校としての幼稚園と厚生労働省所管の児童福祉施設としての保育所が並存し、いわゆる幼保二元化システムをとっているが、諸外国では幼保が一元化した国も多い。幼保連携型認定こども園の創設は、わが国が幼保一元化に舵を切る政策転換ともいえる。
3）企業主導型保育事業について、政府の企業主導型保育事業の円滑な実施に向けた検討委員会報告書（2019（平成31）年3月）は3年間の運営状況を再確認し、2019（平成31）年度から、審査基準や運営基準の改正による新規参入や一部の類型における保育士配置基準の強化を求めることとした。また、監査体制の強化などが必要とされ、実施機関の公募も行われることとなっており、自治体との連携強化も必要とされている。企業主導型保育事業所は、2018（平成30）年度末には4,000か所、入所定員8万人を超える規模になっており、待機児童対策として、国が直轄で行う機動性と、質の維持・向上策との整合性の確保が求められる。
4）要綱等においては、いわゆる幼児教育センター事業は保育所、認定こども園、幼稚園といった幼児教育施設すべてを対象としているが、実際には、幼児教育センター事業の所管は教育委員会がほぼすべてであり、幼稚園における幼児教育がそのモデルとなっているところが多いことは指摘しておかなければならない。ちなみに、石川県では幼保連携型認定こども園を幼児期の教育のモデルとし、0歳児からの幼児期の教育のつながりをめざす観点から健康福祉部が所管し、教育委員会の協力のもと事業を進めている。
5）認定こども園、幼稚園、保育所等については、子ども・子育て支援法施行令を改正し、利用者負担を無償化する措置を講じることとし、就学前の障害児の発達支援についても、児童福祉法施行令を改正し、利用者負担を無償化する措置を講じる制度改正が進

められている。支給要件は、市町村の認定を受けた以下の要件を満たすものである。ものを対象とする。3歳から5歳まで（小学校就学前まで）の子ども・0歳から2歳までの住民税非課税世帯の子どもであって、保育の必要性がある子ども。なお、費用負担並びに本給付に要する費用は、原則、国が2分の1、都道府県が4分の1、市町村が4分の1を負担する。ただし、2019（平成31）年度に限り、地方負担部分について全額国費により補填される。

6）子ども家庭福祉分野の「地域における包括的・継続的支援（「地域包括的・継続的支援)」の筆者による定義は、以下のとおりである。

　「子ども家庭福祉分野における地域包括的・継続的支援体制とは、市町村域ないしは市内のいくつかの区域を基盤として、子どもの成長段階や問題によって制度間の切れ目の多い子ども家庭福祉問題に、多機関・多職種連携により包括的で継続的な支援を行い、問題の解決をめざすシステムづくりとそのシステムを用いた具体的支援の体系をいう。」

7）厚生労働省社会保障審議会児童部会社会的養護専門委員会が2011（平成23）年7月に取りまとめた報告書であり、これからの社会的養護のあり方を示すビジョンである。政府は平成24（2012）年11月30日に、厚生労働省雇用均等・児童家庭局長通知「児童養護施設等の小規模化及び家庭的養護の推進について」を発出し、今後、15年をかけてこの構想を実現するべく、各都道府県に計画の策定を求め、平成27（2015）年度から同計画が実施に写されている。

8）2018（平成30）年12月25日、政府は「平成30年の地方からの提案等に関する対応方針」を閣議決定し、放課後児童クラブに従事する者及びその員数に係る「従うべき基準」をそのまま「参酌すべき基準」とすることを、条件付きで決定した。すなわち、前述の基準を「従うべき基準」つまり、自治体が制定する条例の内容を直接的に拘束する基準から、「参酌すべき基準」つまり、自治体が十分参酌した結果であれば、地域の実情に応じて、異なる内容を定めることが許容される基準に緩和することとした。施行は、改正児童福祉法施行後の2020（令和2）年度である。

第3章

子ども家庭福祉における
包括的・継続的支援の可能性

共生社会の創出をめざして

1 複雑化する子ども・子育て支援施策と施策の切れ目の課題

(1) 平成期の子ども家庭福祉供給体制の経緯

　平成期の子ども家庭福祉は、2つの大きな潮流が、子ども家庭福祉供給体制を市町村と都道府県に二元化させています。私は、平成期の子ども家庭福祉の流れについて、序章において提示した図1（子ども家庭福祉供給体制改革の動向と今後の方向）を心に描きつつ、制度改革に取り組んできました。

　その結果、子ども家庭福祉は、その根底に横たわる都道府県と市町村の二元化という基礎構造の改革に取り組まないまま、いわば子どもの育ち・子育てに対する『支援と介入』の強化をセットにして進められていくことになります。それぞれの分野において最適と考えられる方向をめざしてきた結果、子ども家庭福祉制度体系そのものが、「子ども・子育て支援制度」と狭義の「児童福祉制度」（子ども虐待防止や社会的養護等）、「障害児支援制度」とに三元化されてしまうという結果を招いてしまいました。

　この平成期子ども家庭福祉の到達点を踏まえ、次のステージ、つまり、主たる3つのシステムの統合に向けての見取り図、羅針盤を用意しなければならない時期に来ており、包括的・継続的支援体制づくりの実現が求められているのではないかと思います。

(2) 子ども家庭福祉制度の複雑化

子ども家庭福祉は、制度体系としての母子保健制度や障害児支援制度（障害者給付等制度）、ならびに2015（平成27）年度から創設されている子ども・子育て支援制度等を包含しますが、それぞれの制度体系と子ども家庭福祉体系とは一部重なり合っています。子ども家庭福祉においては、サービス毎に実施主体が都道府県、市町村に分断されているのみならず、利用方法やサービス支給決定プロセス、サービス給付に係る費用負担や財源等が異なっており、高齢者福祉、障害者福祉等に比べて非常に複雑な実施体制であり、これらは図4のように図示できます。

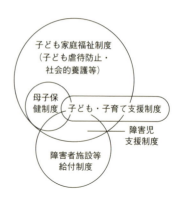

図4 子ども・子育て支援制度の創設と
新たな子ども家庭福祉制度体系
（出所：柏女作成）

少子・高齢社会の到来にともない、多くの人があたりまえのように福祉サービスを利用し、また、多くの人が、これまたあたりまえのように福祉サービスの担い手となることのできる、福祉の「普遍化」が求められています。しかし、また一方で、困難な生活問題を抱える利用者を長期にわたって支え、あるいはケアし、さらには専門的に支援する福祉の「専門化」も求められています。

この福祉の「普遍化」と「専門化」という2つの課題を、現代社会のなかでどのように整合化させ、システムとして実現していくかが問われています。また、近年では、価値観の流動化のなかで生じてきた各種の生活課題と、現行のサービス供給体制や具体的サービスとの乖離が大きくなってきており、高齢者分野を中心に地域包括ケアが提唱されるなど、社会福祉サービス供給体制の再構築が求められている現状にあるといってよいでしょう。

2　公民協働による切れ目のない支援を進める

（1）公民協働の必要性

　子ども家庭福祉は、行政と民間・地域活動との協働によって初めて達成されることを忘れるわけにはいきません。制度は切れ目が生じることが宿命ともいえます。インクルーシヴ（包摂的）な社会づくりを実現するためには、切れ目を埋める民間の制度外活動を活性化し、制度内福祉と制度外活動との協働が必要とされます。制度の隙間を埋め、課題を抱える子どもや子育て家庭を発見、支援し、必要に応じて専門機関につなぐなど新制度と協働した民間のボランタリーな役割が重要となるのです。

　全国社会福祉協議会（全社協）は、2010（平成22）年12月に『全社協　福祉ビジョン2011』を策定しています。同提言は、「現在の福祉課題・生活課題の多くは、つながりの喪失と社会的孤立といったことと関わりが深く、住民・ボランティアがこうした問題に目を向け、要援助者と社会とのつながりを再構築していく取り組みが期待されているのです」と述べ、制度内福祉サービスの改革とともに、制度外福祉サービス・活動の開発・実施を提言しています。

　また、全国社会福祉協議会は、こうした民間活動の活性化を子ども家庭福祉分野において図るため2014（平成26）年10月末に「子どもの育ちを支える新たなプラットフォーム～みんなで取り組む地域の基盤づくり～」と題する報告書[1)]を提出しています。こうしたプラットフォームが基盤となって個々の子どもや家庭に対する支援ネットワークが形成され、その結果、制度内福祉と制度外福祉の協働が進み、切れ目のない支援が実現していくのだと思います。

（2）地域における公民の協働に向けて

　公民の協働に向けての課題では、たとえば、子ども・子育て支援制度分野と子ども虐待分野、障害児支援分野のそれぞれの調整機関、たとえば、利用者支援事業、要保護児童対策地域協議会の調整機関、障害児相談支援事業な

どがどのようにつながれるかということが指摘できます。

　たとえば、障害を有していたり、あるいは気になる状態の子どもの場合、子ども・子育て支援法の世界だけでは十分な支援ができないこともあり得ます。その場合に、利用者支援専門員が障害児相談支援事業のコーディネーターである（障害児）相談支援専門員としっかりつながれるかが課題となります。子ども・子育て支援制度と障害児支援制度の両方の施策を並行利用するということも多々あるわけであり、その場合には、ワンストップサービスや、あるいは利用者支援の工夫というものも行われなければならないでしょう。障害児支援分野の利用者支援との整合性の確保ということが、大きな課題となると考えられます。他の分野も包含した包括的な利用者支援のシステムを考えていくことが必要とされるのです。

　同時に、要保護児童対策地域協議会の調整機関との連携も必要とされてきます。要保護児童対策地域協議会は行政が主体となった要保護児童のための制度的ネットワークであり、構成メンバーには罰則付きの守秘義務が課されるとともに、調整機関の役割も明定されています。利用者支援事業の事業主体を要保護児童対策地域協議会の構成メンバーとするなどの対応が必要とされるでしょう。

　それらと同時に、メンバーではない機関・施設との個人情報の共有のため、「福祉分野における個人情報保護に関するガイドライン」（平成25年3月、厚生労働省）を参考に、個人情報の取り扱いに関するルールを定めておくことも必要とされます。

(3) 公民協働の原理

　ただ、実際の協働や連携は、そう簡単にできることではありません。いくつかの原理ともいうべき事項を、しっかりと確認しておくことが必要とされます。

　連携・協働に求められる事項を整理すると、以下のとおりになります。まず、第一に、協働・連携とは、「異なる主体の対等な関係」であることを銘記しておくことが必要とされます。決して、どちらかがどちらかを補完する、

あるいは上下関係になるということではありません。このことの自覚がまず基本となります。

　第二に、互いに協働・連携の「相手を知る」ことが必要とされます。相手を知り、顔の見える関係を作ることにより協働・連携は進めやすくなります。第三に、協働・連携の「ミッションと目標を共有する」ことが大切となります。協働・連携によって何を実現するのかという共通理解がないと、どこかでほころびが生じる事態となります。そのうえで、第四に、「対話と活動を重ねる」ことが大切です。価値や文化の異なる主体同士では、思わぬところで行き違いが生じがちです。そのたびに対話を重ね、活動をともに行うことで相互信頼が生まれてくることとなります。

　その際、第五として、「長所を生かし短所を補う（互いの資源を生かす）」という視点を忘れるわけにはいきません。それぞれの機関・施設の得意分野と限界、特性の最適な組み合わせが協働・連携を効果的にしていくことが必要とされます。そのためには、第六として、「それぞれの得意分野を生かし、かつ、それだけに限定せずそれぞれの機関・施設の活動ののりしろ部分を増やす」ことが必要とされます。のりしろ部分、つまり、相手とつながる余裕がなければ協働・連携には無理がきてうまくいかないといえます。

　最後に、それぞれが「自在になる」ことが重要です。いたずらに自らのミッションに拘泥することなく、相手の価値、ミッションに対しても開かれていることが大切となります。これらの視点は、具体的実践を振り返る指標の一つとして肝に銘じる必要があるように思います。

3　子ども家庭福祉分野における地域包括的・継続的支援の可能性

　高齢者福祉においては、地域包括ケア実践が進められています。このような動向は、子ども家庭福祉にも、地域包括的・継続的支援の実践を要請することとなります。子ども家庭福祉分野は、前述したとおり、市町村と都道府県に実施体制が二元化され、教育分野との切れ目も深いため、包括的、継続的な支援体制がとりにくい点が特徴とされます。この点は、2016（平成28）

年改正児童福祉法等においても、都道府県と市町村の役割分担の明記と両者の連携の強化にとどまった感があります。

　子ども家庭福祉分野において切れ目のない支援を実現していくためには、前述した地域における切れ目のない包括的な支援のほか、「子ども」期の特性である「有期性」[2]ゆえに生じる切れ目の問題を克服していかねばならないと思います。つまり、子ども期の始期と終期の切れ目を克服する継続的な支援体制づくりが必要とされるのです。子ども期の始期においては妊娠期からの切れ目のない支援が必要とされ、また、終期においては、特に社会的養護のもとにいた子どもたちや障害児の自立支援において、生活困窮者自立支援制度、いわゆる障害者総合支援法などの成人期施策への切れ目ない支援が必要とされてきます。

　子ども家庭福祉分野の縦横の切れ目や制度の隙間をなくすために、子ども家庭福祉においても「地域における包括的・継続的支援」（以下、「地域包括的・継続的支援」）の可能性を探り、その概念や支援の枠組みを検討することが重要と思います。その際、高齢者分野で展開されてきた地域包括ケアシステムのノウハウが生かされる部分が大きいでしょう。

　前述したとおり、2017（平成29）年改正社会福祉法（地域包括ケアシステムの強化のための介護保険法等の一部を改正する法律に伴う社会福祉法改正）においては、地域子育て支援拠点や利用者支援事業、子育て世代包括支援センター（母子健康包括支援センター）等の支援社会資源に、住民に身近な圏域において、分野を超えて地域生活課題に総合的に相談に応じ、関係機関と連絡調整を行う努力義務（社会福祉法第106条の2）が規定されました。また、地域福祉推進のため市町村にそのための体制づくりとして、「地域住民等及び支援関係機関による、地域福祉の推進のための相互の協力が円滑に行われ、地域生活課題の解決に資する支援が包括的に提供される体制を整備する」（社会福祉法第106条の3）努力義務が規定されました。このように、地域包括的な支援は、今後の社会福祉の重要な方向性としてとらえられています。

　ちなみに、子ども家庭福祉分野の「地域における包括的・継続的支援（「地域包括的・継続的支援」）」[3]の私の定義は以下のとおりです。

子ども家庭福祉分野における地域包括的・継続的支援体制とは、市町村域ないしは市内のいくつかの区域を基盤として、子どもの成長段階や問題によって制度間の切れ目の多い子ども家庭福祉問題に、多機関・多職種連携により包括的で継続的な支援を行い、問題の解決をめざすシステムづくり並びにそのシステムに基づく具体的支援の体系をいう。[4]

4　地域包括的・継続的支援体制構築のための論点

　子ども家庭福祉においても、こうした視点が必要とされます。特に、子ども家庭福祉制度では、都道府県と市町村の二元行政や利用の仕方が制度ごとに複雑になっている問題を指摘することができ、今後、地域における包括的支援体制を進めていくためには、制度論と援助論双方にわたる改革が必要とされると思います。その際には、先行事例である高齢者分野における地域包括ケアや前述の「地域共生社会」をめざす議論にも学びつつ、子ども家庭福祉分野の特性も踏まえつつ議論することが必要とされます。

　その際の主要な論点としては、市町村と都道府県の二元体制をどう克服するか、市町村を中心として地域包括的・継続的支援体制をどのように確立するか、援助理念や援助方法の分野間の共有化をどう図るか、私的養育から公的代替養育まで幅広い「社会的養育」をどのようなシステムで再構築するか、という4つの論点の克服が必要とされます。今後に向けた大きな課題と思います。

5　今後に向けて

　今後は、子ども・子育て支援分野における地域包括的・継続的ケア進展の制度上の限界を乗り越え、地域において公民が協働した取り組みを展開していくことが必要とされます。2017（平成29）年度施行の改正社会福祉法により社会福祉法人等の地域公益活動に対する社会的要請が高まっていますが、

こうした活動の活性化が不可欠と思います。そのことが、子ども・子育て支援分野における地域包括的・継続的支援を生み出す契機になることを願いたいと思います。また、2016（平成28）年改正児童福祉法により市区町村に置かれることとなった市区町村子ども家庭総合支援拠点の内実化[5]が今後の試金石となるともいえるでしょう。

（1）子ども家庭福祉行政実施体制の基礎構造改革

前述したとおり、2016（平成28）年改正児童福祉法の限界は、子ども家庭福祉の"基礎構造"に手をつけていないという点に集約されます。未だに都道府県と市町村に二元化され、職権保護を色濃く残す体制が続き、サービス利用のあり方も分野やサービスごとにばらばらのままとなっています。

地域包括ケアの実施主体は、利用者にもっとも身近な基礎自治体である市町村でなければなりません。子ども家庭福祉においても、市町村（児童相談所市設置を含む）が一元的に対応するシステムにし、都道府県、県レベルの児童相談所等が後方支援を担う仕組みを検討すべきと思います。そうしないと、「地域における包括的・継続的支援」も進まず、里親をはじめとする社会的養護の地域理解すらも進んでいなかいでしょう。また、サービス利用のあり方も、利用者にわかりやすい簡潔なシステムとすべきと思います。

（2）地域包括的・継続的支援のための拠点の在り方

一方、制度上の課題はありつつも、現実には、制度上の限界を乗り越え、子ども家庭福祉分野における地域包括的・継続的支援の進展を図り、地域において公民が協働した取り組みを展開していくことも必要とされます。

この場合、子ども家庭福祉分野における支援拠点のあり方検討が重要と思います。市町村による地域包括的・継続的支援体制の構築は、その核となる公立、民間機関・施設の存在が鍵となるからです。地域のなかに、子ども家庭福祉分野横断的なワンストップにつながる核となる拠点を整備しなければならないと思います。先駆的実践、拠点機能の類型化なども参考とすべきでしょう。

(3) 援助理念や援助方法の共有

　子ども家庭福祉各分野における援助理念や援助方法の共有化も大きな課題となります。子ども家庭福祉供給体制は、子ども・子育て支援制度、障害児支援制度、子ども虐待防止・社会的養護制度などいくつもの舞台に分かれています。それぞれの舞台では支援者が優れた支援を行っていますが、舞台が違うため交流も乏しく、それぞれのノウハウを共有することもできていない状況です。

　今後は、援助者同士の相互交流や協働、援助観のすり合わせも欠かせないものとなります。ソーシャルワークの手法も、個別分野ごとの手法ではなく、たとえば地域を基盤としたソーシャルワークがその基礎として機能していくことが必要とされるのではないでしょうか。保育士の保護者支援のための専門技術体系である保育相談支援も、親子関係をより良くするペアレンティングなどにとって有効なスキルとなるでしょう。

6　全国市町村を対象とした調査結果と若干の考察

　私たち[6]は、こうした課題に対応するため、現状把握として全国市区町村に対する質問紙調査を行いました。そして、その詳細な分析を進め、かつ、特徴的な自治体や当該自治体に存する「市区町村子ども家庭総合支援拠点」になりうる機関・施設等に対するインタビュー調査も進めてきました。

　調査は、（福）麦の子会が事務局となって行いました。全国市区町村を対象とする郵送法による質問紙調査と、質問紙調査の回答自治体から「地域包括的・継続的支援の拠点」設置に前向きとされる自治体から選定された10自治体を対象とするインタビュー調査とからなっています。

　まず、質問紙調査結果においては、「地域包括的・継続的支援体制を構築するにあたって一番重要な要素」は、「全体をコーディネートできる専門職の確保」でした。その職種としては、社会福祉士や保健師が多く挙げられていました。また、拠点となりうる機関・施設については21％があると回答していました。さらに、拠点の機能としては、個別のケア・マネジメントを

第3章　子ども家庭福祉における包括的・継続的支援の可能性

支援する機能、制度横断的活用のための調整機能、総合相談機能などが挙げられていました。また、クロス集計をしてみますと、拠点となる機関・施設があると回答した区市町村は、子ども家庭福祉供給体制の分権化に肯定的という結果でした。

このように、現状では、地域包括的・継続的支援体制を形づくる拠点となりうる機関・施設の有無、拠点の機能に対する期待とそれを確保することの重要性が読み取れる結果でした。ただ、まだ、そのような拠点が整備されていると考えている自治体は、あまり多くはないという結果でした。この調査については、今後、さらに、詳細なクロス分析、検定や人口規模基準の妥当性の確認に加え、インタビュー結果の質的分析を重ねていくこととしています。次世代の大きな調査研究課題と感じています。

7　地域包括的・継続的支援の基礎構造の上に権利擁護システムの整備を

(1) 実施主体の一元化と児童相談所のあり方

子ども家庭福祉供給体制の再構築を図る際にもっとも重要視されるべき論点は、都道府県と市町村の役割分担のあり方であり、さらにいえば、現在の児童相談所をどのようにするかということといえるかと思います。つまり、子ども家庭福祉基礎構造に地域包括的・継続的支援システムを据え、そのサブシステムとして都道府県の子どもの権利擁護機能を整備することが必要とされるでしょう。市町村を中心とする体制整備を図るとすれば、市町村・地域レベルにおける子ども家庭福祉援助機能の強化とそれらの機関に対する間接的支援、専門的支援のあり方が大きな課題となります。特に、支援機能と介入機能の分離なども検討すべきテーマとなるでしょう。

介入機能は行政処分を伴うため行政機関たる児童相談所に残し、高度な臨床相談機能を療育センターやリハビリテーションセンターなどのような別機関とすることにより、両者の分離を図ることなども考える必要があるでしょう。いわゆる欧米のシステムとして多く採用されている、Child Protective

Service 機能と Child Guidance Clinic 機能との分離も検討しなければならないのではないでしょうか。それは、児童相談所という一行政機関における役割分担といった方法では実現できないように思います。行政機関と臨床機関・施設・事業との分離の検討が必要だろうと思います。その例としては、フォスタリング、家族再統合、委託一時保護業務などが考えられます。こうした業務は、一部を除いて民間の方がその特性を発揮することのできる可能性が高く、積極的に民間委託または、民間のサービス購入を考えていくことが効果的と考えられます。ただ、しばらくは、児童相談所もそうした機能を一部担い、民間機関・施設とともに育っている経過期間が必要に思います。いずれにしても、児童相談所という存在をどのように考えるかが最も大切なことだと思います。

（2）児童相談所の歴史的経緯

　児童相談所は、歴史的には鑑別機関として発足し、その後、いわゆるクリニック機能、措置等の行政決定・行政処分、一時保護の3つの機能を一体的に果たす世界的にもユニークな行政機関として定着してきました。あらゆる相談に応じるという性格から時代の様々な問題に先駆的に取り組み、それが持ち込まれすぎて十分に対応できないとの批判を受け、改めてシステムづくりが行われて他の機関にその座を譲るという歴史を繰り返してきました。3歳児健診精密健診、1歳半健診精密健診、不登校相談、校内暴力、そして、現在では、子ども虐待相談などが好例といえます

　善かれ悪しかれ、この児童相談所というシステムが存在することが、わが国の子ども家庭福祉を特徴づけてきたことは、まぎれもない事実だと思います。このような歴史的経緯[7]と特色を有する児童相談所のあるべき姿を検討することは、今後の子ども家庭福祉供給体制のあり方を論ずる際に欠くことのできないことであると考えられます。

　児童相談所は、多様な専門職を擁し、チーム・アプローチと合議制をその専門性の根幹として、各種の支援と一時保護、措置等の行政処分を時代の変化に対応させつつ行ってきました。私たちが行った児童相談所所専門職員

の業務分析[8]によれば、不登校、虐待等の相談種別によって専門職のかかわり方の手法やかかわる専門職の種類も大きく異なっています。例えば、養護・非行相談（長時間・ソーシャルワーカー型）、不登校相談（長時間・心理職型）、障害相談（短時間・判定型）、しつけ相談（短時間・助言型）等が代表的です。こうした多様な専門職のかかわりを駆使しつつ、児童相談所は、時代のなかで起こる多様な課題に対応してきたといえるのです。

(3) 児童相談所の限界と今後

　しかし、子ども虐待の増加・顕在化は、児童相談所のチーム・アプローチのあり方並びに支援・介入手法の大きな変化を要請することとなり、児童相談所は大きな混乱に向かうこととなりました。これまでは多職種連携が中心でしたが、虐待対応では児童福祉司複数対応や緊急対応、家庭に対する法的強制介入[9]といったこれまでと異なる体制が求められてくることとなったのです。これは、鑑別機関から出発した相談援助機関としての児童相談所の成り立ちを、根底から揺さぶるものであったといえます。

　また、頻発する子ども虐待死亡事例を受けて家庭に対する公の介入強化や警察、司法との連携強化が進められるにつれて、いわゆる強制介入機能と支援機能との分離論が台頭してくることとなりました。これだけ子ども虐待の増加・顕在化が進んだわが国においては、対応も欧米諸国のシステムに学ぶべきでしょう。前述したとおり、私が国の児童虐待防止専門委員会委員長として取り組んだ2004（平成16）年改正児童福祉法における「要保護児童対策地域協議会」設置は、英国のARC（Area Review Committee）、それ以降のACPC（Area Child Protection Committee）における「登録⇒モニターおよび情報収集⇒アセスメント⇒適切な介入⇒登録抹消」のシステムを意識[10]したものでした。そして、これらのプロセスにおける協働の専門性として、ネットワーク・モデルを提起したのです。これは、児童相談所におけるチームワーク・モデルの援用といえます。市町村における要保護児童対策地域協議会を活性化させ、これを、Child Protective Service機能に特化させ、警察や弁護士等との連携を強化した機関が支援するという仕組みに再構築すべ

きではないでしょうか。

　また、児童相談所は都道府県レベルの相談援助機関であり、この活動が有効に機能するためには、市町村・地域レベルにおいて各種の相談援助資源を有効に活用して各種相談のネットワーク化を図り、保護者や子ども自身が気軽にしかも安心して相談できる体制の整備を図ることも求められています。2016（平成28）年改正児童福祉法で設置の努力義務が規定された市区町村子ども家庭総合支援拠点の機能強化を進めること、そして、児童相談所の地域支援機能を強化することが求められているのです。つまり、いわゆるクリニック（clinic）機能、関係機関・施設に対するコンサルテーション（consultation）機能、コーディネート（coordinate）機能の「3つのC」機能を、いくつかのシステムに整理しつつそれぞれ強化していくことも必要とされているのです。

　このように、児童相談所は、現在、大きな曲がり角にあります。これまで多職種の機能分担で柔軟に各種児童問題に柔軟に対応してきましたが、子ども虐待対応ではその限界が見えており、新しいシステム整備が必要とされているといえるのです。児童相談所のあり方は、子ども家庭福祉供給体制の再構築を通して論じられなければならない段階に来ていると思います。

8　おわりに──通底する共生社会づくりの理念

　子ども家庭福祉分野の地域包括的・継続的支援体制の確立は、このようなマクロ、メゾ、ミクロの課題をいかに克服していくかにかかってくることとなります。そして、そこには、私たちがどのような社会を求めるのかといったった社会づくりの理念が通底していることが必要とされます。たとえば、「地域共生社会」の実現などが、その理念とされるでしょう。

　子どもはおとなが次の世代に贈る生きたメッセージであり、子育ては次世代を育む営みといわれます。「子はかすがい」といわれますが、子育ては人と人とをつなぎ、また、時代と時代とを結ぶかすがいでもあります。

　これからの子ども家庭福祉の理念は、共生社会の創出をめざしつつ、「子

どもの権利保障」と「子育て家庭支援」を根幹にすえながら、「子どもの最善の利益を図る公的責任」の視点と、「社会連帯によるつながりの再構築」という視点を整合化させるという課題に立ち向かっていかなければならないと思います。そして、ここに、「教育」という人づくり政策を包含させていかなければなりません。まだ、その連立方程式が解かれている状況とはいえません。次世代の子ども・子育てのウエルビーイング[11]は、こうした議論から始まるのだといって間違いはないでしょう。

[注]
1）報告書は筆者が委員長を務めた検討会が提出したもので、子ども・子育て支援制度の創設を機に制度上の課題と民間サイドの取り組みの視点を整理し、地域の基盤づくりとしてのプラットフォームの意義と想定される活動例を取り上げたものである。さらに、プラットフォームの基本機能並びにその立ち上げと展開に向けた具体的取り組みや手順を整理している。
2）子ども期の有期性をめぐる特性とその克服のための視点については、拙著（2019）『子ども家庭福祉学序説』誠信書房　を参照されたい。
3）子ども・子育て支援分野における地域包括的・継続的支援につながると考えられる制度として現存するものとしては、要保護児童対策地域協議会や子育て世代包括支援センター、障害児相談支援事業（障害児相談支援専門員）、利用者支援事業（利用者支援専門員）などが挙げられる。しかしながら、いずれも公的分野を中心としていたり、分野限定だったりして、分野横断、継続支援、公民協働といった総合性、包括性に欠ける点は否めない。また、そのありようも統合されていない。さらに、民間の制度外福祉活動までをも包含した総合的なシステムになっているとはいえない。こうした点が、現制度上の限界といえる。
4）柏女霊峰（2017）『これからの子ども・子育て支援を考える―共生社会の創出をめざして―』ミネルヴァ書房、p.15
5）厚生労働省は2017（平成29）年3月、「市区町村子ども家庭総合支援拠点」設置運営要綱を策定し、通知している。その機能は、「コミュニティを基盤にしたソーシャルワークの機能を担」うものであり、支援に当たっては、「包括的・継続的な支援に努める」こととされている。
6）社会福祉法人麦の子会が日本財団から助成を受けて設置した「日本の子どもの未来を考える会」が2年にわたって、この調査研究を実施している。筆者はその座長を務めた。2年間の調査研究報告書は、麦の子会ホームページにてダウンロードが可能である。

7）筆者の児童相談所の歴史的経緯に関する考察には、柏女（1997）や柏女（2008）などがある。

8）児童相談所専門職員の業務分析による相談種別ごとの相談援助構造については、柏女霊峰（2005）「第5章　子ども家庭福祉相談援助体制の再構築」柏女霊峰編『市町村発子ども家庭福祉』ミネルヴァ書房をご参照いただきたい。

9）児童相談所には、これまでも職権による一時保護や立入調査など保護者の意に反して子どもの最善の利益確保のための強制介入が可能であったが、実際には平成期以降の子ども虐待防止対策が本格化するまでは、ほとんど利用されてこなかった経緯がある。

10）英国の子ども虐待防止システム整備の推移については、田邉泰美（2006）『イギリスの児童虐待防止とソーシャルワーク』明石書店、に詳しい。

11）ウエルビーイング（well-being）とは、世界保健機関（WHO）憲章において「身体的、精神的、社会的に良好な状態にあること」を意味する概念である。子ども家庭福祉においては、個人の権利保障や自己実現をめざす目的概念として用いられている。

［文献］

網野武博（2002）『児童福祉学──〈子ども主体〉への学際的アプローチ』中央法規

新たな子ども家庭福祉の推進基盤の形成に向けた取り組みに関する検討委員会（2014）『子どもの育ちを支える新たなプラットフォーム～みんなで取り組む地域の基盤づくり～』全国社会福祉協議会

林信明（2014）「社会連帯」日本社会福祉学会事典編集委員会（編）『社会福祉学事典』丸善出版

柏女霊峰（1995）『現代児童福祉論』誠信書房

柏女霊峰（1997）『児童福祉改革と実施体制』ミネルヴァ書房

柏女霊峰（2005）「第5章　子ども家庭福祉相談援助体制の再構築」柏女霊峰編『市町村発子ども家庭福祉』ミネルヴァ書房

柏女霊峰（2008）『子ども家庭福祉サービス供給体制──切れ目のない支援をめざして』中央法規

柏女霊峰（2015）『子ども・子育て支援制度を読み解く──その全体像と今後の課題』誠信書房

柏女霊峰（2017）『これからの子ども・子育て支援を考える──共生社会の創出をめざして』ミネルヴァ書房

柏女霊峰（2018）『子ども家庭福祉論 [第5版]』誠信書房

柏女霊峰（2018）第1章総括報告　すべての子どもが日本の子どもとして大切に守られるために─子ども家庭福祉分野における地域包括的・継続的支援の可能性─,すべての子どもが日本の子どもとして大切に守られるために,平成29年度日本財団助成事業報告書,日本の子どもの未来を考える研究会（麦の子会設置・柏女霊峰座長）

柏女霊峰（2019）『子ども家庭福祉学序説──実践論からのアプローチ』誠信書房

柏女霊峰（2019）『混迷する保育政策を解きほぐす——量の拡充・質の確保・幼児教育の振興のゆくえ』明石書店

田邉泰美（2006）『イギリスの児童虐待防止とソーシャルワーク』明石書店

全国社会福祉協議会（2010）『全社協　福祉ビジョン 2011』

あとがき

　私は、昭和50年代から児童相談所で子ども家庭福祉の相談援助業務に携わり、昭和末期から平成期を通じて、子ども家庭福祉分野の政策立案業務に携わってきました。まえがきで述べたとおり、本書は、文部科学省科研費継続研究（菅沼隆研究班）「厚生行政のオーラルヒストリー」のインタビュイーとなったことから生まれました。

　オーラルヒストリー・インタビューは、児童相談所時代、厚生省時代、淑徳大学時代の審議会関係の3点にしていただいたため、それぞれのインタビューの草稿作成の作業を2017（平成29）年晩秋頃から開始しました。本書は、その草稿の一部を書籍化したものです。私にとっては16冊目の単著となります。

　草稿を書籍化するにあたって、自身の仕事と家庭の両立に関することや友人関係など私的な部分は政策立案に直接関係するもの以外はできるだけ捨象し、また、前後に平成期の子ども家庭福祉に対する考察を加筆しました。書籍化することにご了解をいただいた菅沼隆主任研究者をはじめとする研究班の先生方、特に、私の話を3回、10時間にわたって聞き続け、報告書にまとめてくださった駒崎道先生、岩永理恵先生、田中聡一郎先生ほかに厚くお礼申し上げます。

　オーラルヒストリーのインタビュイーとなることを受諾した一昨年秋頃から妻の病状が著しく悪化して在宅生活が困難になりつつあり、年明けから、今後のことを子どもたちと相談していました。そのプロセスで、長女の金子直美氏が仕事をパートに切り替え、私の介護と仕事の手伝いをしてくれることとなりました。そのため、2018（平成30）年4月からの1年間を、インタビューのための草稿づくりとそのための資料の集成に充てることとしました。

　作業はかなり忙しい状況のなかで進められましたが、幸い、妻が昨年4月

から近くのグループホームに入居でき、しかも、その後の経過がほぼ順調に進んでいるため、この作業を進めていくことができました。

　私がこのインタビューを受けることとなった内的経緯は、以下のとおりです。

　「私の仕事人生、特に、私が歩んできた子ども家庭福祉分野の振り返りがしたい」仕事人生の最終ゴールが見え始めた還暦時、何とはなしにそう思っていました。ゼミ卒業生たちが開いてくれた還暦パーティで、エネルギーが与えられました。

　それから自分の仕事人生の一つの到達点を淑徳大学退職の70歳とし、それまでに何をなさなければならないかを考え始めました。そして浮かんだのが2つ。1つが「子ども家庭福祉学序説」の発刊であり、2つが「私の子ども家庭福祉ヒストリー」の作成でした。この2つを書き上げること、それを70歳までに終えたいということでした。

　後者が、まさに、インタビュイーの申し出とともに実現することとなったのです。この経験は、私にとってかけがえのないものになりました。自分の人生を振り返るとともに、昭和期、平成期の子ども家庭福祉を通覧できる機会にもなりました。この成果は、後世の実務家、研究者等にとっても役立つものになったのではないかと感じています。なお、ほぼ同時期に、並行して執筆を進めていた『子ども家庭福祉学序説——実践論からのアプローチ』（誠信書房）も発刊となります。本書は私の子ども家庭福祉観の形成過程を示し、「序説」は、その現在までの成果を示すものと位置付けていただければ幸甚です。

　本書を、私とともに昭和期、平成期をともに乗り切ってきた妻・弘子に、感謝とともに捧げたいと思います。また、私の子ども家庭福祉人生において出会った数々の師、先達、同輩、後輩たちにも、心からお礼申し上げます。さらに、私と妻を育て、結び付けてくれた4人の両親、ずっと支え続けてきてくれた子どもたち家族にも心から感謝したいと思います。

本書作成に当たって長女・金子直美氏には、私の経歴や研究業績のとりまとめなど、オーラルヒストリー作成のために事前資料を丁寧に校閲してくれました。そのことによって本書が発刊できたことに、心から感謝いたします。また、生活書院の髙橋淳社長には、本書出版の申し出に対して快くご了承いただき、ていねいな校正等を進めてくださいましたことに心より感謝いたします。

2019（令和元）年7月

柏女　霊峰

著者紹介

柏女　霊峰（かしわめ　れいほう）

1952 年　　　福岡県生まれ
1976 年　　　東京大学教育学部教育心理学科卒業
1976 〜 86 年　千葉県児童相談所心理判定員
1986 〜 94 年　厚生省児童家庭局企画課（'91 年 4 月より児童福祉専門官）
1994 年　　　淑徳大学社会学部助教授
現　在　　　淑徳大学総合福祉学部教授・同大学院教授。臨床心理士。
　　　　　　内閣府子ども・子育て会議委員，社会保障審議会児童部会放課後児童
　　　　　　対策に関する専門委員会委員長、厚生労働省障害児入所施設のあり方
　　　　　　に関する検討会座長、東京都児童福祉審議会副会長、東京都子供・子
　　　　　　育て会議会長、流山市子ども・子育て会議会長、社会福祉法人興望館
　　　　　　理事長、石川県顧問、浦安市専門委員など。

主著（単著）
　『現代児童福祉論』誠信書房　1995
　『児童福祉改革と実施体制』ミネルヴァ書房　1997
　『児童福祉の近未来』ミネルヴァ書房　1999
　『子ども家庭福祉のゆくえ』中央法規　2001
　『子育て支援と保育者の役割』フレーベル館　2003
　『次世代育成支援と保育』全国社会福祉協議会　2005
　『こころの道標』ミネルヴァ書房　2005
　『子ども家庭福祉・保育のあたらしい世界』生活書院　2006
　『子ども家庭福祉サービス供給体制』中央法規　2008
　『子ども家庭福祉論』誠信書房　2009
　『子ども家庭福祉・保育の幕開け』誠信書房　2011
　『子ども・子育て支援制度を読み解く』誠信書房　2015
　『これからの子ども・子育て支援を考える』ミネルヴァ書房　2017
　『混迷する保育政策を解きほぐす』明石書店　2019
　『子ども家庭福祉学序説』誠信書房　2019
　『平成期の子ども家庭福祉』生活書院　2019

主な監修・編著

『新しい子ども家庭福祉』ミネルヴァ書房　1998

『新時代の保育サービス』フレーベル館　2000

『子ども虐待教師のための手引き』時事通信社　2001

『児童虐待とソーシャルワーク実践』ミネルヴァ書房　2001

『家族援助論』ミネルヴァ書房　2002

『ソーシャルワーク実習』有斐閣　2002

『市町村発子ども家庭福祉』ミネルヴァ書房　2005

『これからの保育者に求められること』ひかりのくに　2006

『これからの児童養護』生活書院　2007

『児童福祉論』中央法規出版　2009

『児童福祉』樹村房　2009

『社会福祉援助技術』樹村房　2009

『子ども家庭福祉の新展開』同文書院　2009

『事例でわかる！保育所保育指針・幼稚園教育要領』第一法規　2009

『保護者支援スキルアップ講座』ひかりのくに　2010

『保育学研究倫理ガイドブック』フレーベル館　2010

『こうのとりのゆりかごが問いかけるもの』明石書店　2010

『社会的養護とファミリーホーム』福村書店　2010

『増補保育者の保護者支援——保育相談支援の原理と技術』フレーベル館　2010

『保育相談支援』ミネルヴァ書房　2011

『子どもの養育・支援の原理——社会的養護総論』明石書店　2012

『社会福祉用語辞典［第9版］』ミネルヴァ書房　2013

『保育用語辞典［第8版］』ミネルヴァ書房　2015

『児童家庭福祉［改訂2版］』全国社会福祉協議会　2015

『児童や家庭に対する支援と児童・家庭福祉制度［第5版］』中央法規　2015

『子ども・子育て支援新制度　利用者支援事業の手引き』第一法規　2015

『放課後児童支援員都道府県認定資格研修教材　認定資格研修のポイントと講義概
　要』中央法規　2015

『改訂2版・全国保育士会倫理綱領ガイドブック』全国社会福祉協議会　2018

『三訂版・医療現場の保育士と障がい児者の生活支援』生活書院　2018

『子ども家庭福祉』全国社会福祉協議会　2019

『保育者の資質・能力を育む保育所・施設・幼稚園実習指導』福村出版 2019
　など

本書のテキストデータを提供いたします

　本書をご購入いただいた方のうち、視覚障害、肢体不自由などの理由で書字へのアクセスが困難な方に本書のテキストデータを提供いたします。希望される方は、以下の方法にしたがってお申し込みください。

◎データの提供形式＝CD-R、フロッピーディスク、メールによるファイル添付（メールアドレスをお知らせください）。

◎データの提供形式・お名前・ご住所を明記した用紙、返信用封筒、下の引換券（コピー不可）および200円切手（メールによるファイル添付をご希望の場合不要）を同封のうえ弊社までお送りください。

●本書内容の複製は点訳・音訳データなど視覚障害の方のための利用に限り認めます。内容の改変や流用、転載、その他営利を目的とした利用はお断りします。

◎あて先
〒160-0008
東京都新宿区四谷三栄町 6-5 木原ビル 303
生活書院編集部　テキストデータ係

【引換券】
平成期の子ども家庭福祉

平成期の子ども家庭福祉

——政策立案の内側からの証言

発　　行————2019 年 9 月 25 日　初版第 1 刷発行

著　　者————柏女霊峰

発行者————髙橋　淳

発行所————株式会社　生活書院
　　　　　　　〒 160-0008
　　　　　　　東京都新宿区四谷三栄町 6-5 木原ビル 303
　　　　　　　Ｔ Ｅ Ｌ 03-3226-1203
　　　　　　　Ｆ Ａ Ｘ 03-3226-1204
　　　　　　　振替 00170-0-649766
　　　　　　　http://www.seikatsushoin.com

印刷・製本——シナノ印刷株式会社

Printed in Japan
2019 © Kashiwame Reihō
ISBN 978-4-86500-103-7

定価はカバーに表示してあります。
乱丁・落丁本はお取り替えいたします。

生活書院 出版案内

（価格には別途消費税がかかります）

子ども家庭福祉・保育のあたらしい世界
――理念・仕組み・援助への理解

柏女霊峰【著】　四六判並製　256頁　本体2000円

児童福祉法改正や三位一体改革以降の動向や、地域福祉のあたらしいあり方、子ども
虐待防止、里親制度など、子ども福祉に関するさまざまなテーマを、同分野の第一人
者である著者がわかりやすく解説。

これからの児童養護――里親ファミリーホームの実践

柏女霊峰【監修】里親ファミリーホーム全国連絡会【編】A5判並製　232頁　本体2100円

虐待や育児放棄などさまざまな理由により家庭生活を奪われた子どもたちが家庭のな
かで成長していくために。里親ファミリーホームの制度化に関するQ＆Aからホーム
の悩み・楽しさを伝える運営者の声まで、これからの児童養護を考えるため1冊。

［三訂版］医療現場の保育士と障がい児者の生活支援
――独立行政法人国立病院機構全国保育士協議会倫理綱領ガイドブック

柏女霊峰【監】　独立行政法人国立病院機構全国保育士協議会倫理綱領ガイドブック作成委
員会【編】　A5判並製　96頁　本体1000円

保育士の専門性とは何かの根幹を伝えて保育士養成校で広く活用できるばかりでな
く、広く障害児者の生活を支援する人に普遍的な内容を多く含んだ、必備のガイドブッ
ク。

児童自立支援施設これまでとこれから
――厳罰化に抗する新たな役割を担うために

小林英義、小木曽宏【編】　梅山佐和、鈴木崇之、藤原正範【著】　四六判並製　272頁　本体2000円

触法少年厳罰化の流れの中にある児童自立支援施設の役割とは？　児童自立支援施設
のこれまでを振り返り、向かうべき新たな方向性を明らかにする。

生活書院　出版案内

（価格には別途消費税がかかります）

もうひとつの学校──児童自立支援施設の子どもたちと教育保障

小林英義【編著】　A5判並製　208頁　本体2000円

学校教育実施が明記された児童自立支援施設。どのような教育形態と内容が入所児童の真の教育保障につながるのか、そのためにどのように福祉職（施設職員）と教育職（教員）の連携を図ることが必要か、アンケート調査及び聞き取り調査をもとに明らかにする。

市町村中心の子ども家庭福祉──その可能性と課題

佐藤まゆみ【著】A5判並製　360頁　本体3200円

子どもの誰もが幸せになるためには、親の役割を中心にしつつ、地域、国や地方自治体等、何重にも支えるソーシャル・サポート・ネットワークと資源整備が重要だという立場から、子ども家庭福祉を市町村という地域の中で作り上げていく必要性を論じた労作。

虐待ゼロのまちの地域養護活動
──施設で暮らす子どもの「子育ての社会化」と旧沢内村

井上寿美、笹倉千佳弘【編著】　A5判並製　150頁　本体2200円

自分たちの町の子どもだけではなく、児童養護施設の子どもたちが「すこやかに育つ」ことをもやさしい眼差しで見守る、地域養護の営みがある町。その長きにわたる営みはなぜ可能となり今も続くのか！

フォスター──里親家庭・養子縁組家庭・ファミリーホームと社会的養育

白井千晶【著】　江連麻紀【写真】　A5判並製　208頁　本体2200円

日本で初めての里親・ファミリーホーム・養子縁組の写真展「写真と言葉でつむぐプロジェクト　フォスター」。これまで登場した方々をフルカラー写真とともに紹介しながら、暮らしやすい社会、楽しい子育て、健やかな育ちを作っていくにはという問いに向き合います。

生活書院　出版案内
（価格には別途消費税がかかります）

いじめ・虐待・貧困から子どもたちを守るための Q&A100
── スクールソーシャルワーカーの実践から

岩田美香・高良麻子【編著】　A5 判並製　160 頁　本体 1500 円

様々な困難に直面し、悩み、苦しみ、耐えている子どもたち。どのように支援をすれば
よいのか、どうすれば困難を予防できるのかスクールソーシャルワーカーの実践から、
問題解決へのヒントを Q&A 形式でわかりやすく解説。

過去から未来に語りかける社会的養護 ── 叶原土筆、平井光治の思索と実践に学ぶ

藤原正範・小林英義【著】　四六判並製　240 頁　本体 2000 円

小舎夫婦制の児童自立支援施設に勤め、施設長となり、退職後も引退せずに「一路白頭
に到る」を今もなお実践し続けている先達、叶原土筆、平井光治の語りから、施設養護
の実践を門前で否定するかのような風潮に警鐘を鳴らし、社会的養護の未来を展望する。

子どもを育てない親、親が育てない子ども
── 妊婦健診を受けなかった母親と子どもへの支援

井上寿美、笹倉千佳弘【編著】　A5 判並製　192 頁　本体 2200 円

医療現場に様々な問題をもたらす困った 人としてとらえられてきた、妊婦健診未受診妊
産婦。医療関係者にとって困った人である彼女たちが生きてきた（いる）関係状況からは、
妊婦健診を十分に受けないで出産に至らざるを得なかった「困っている」人としての姿が
見えてくる──。

養子縁組の再会と交流のハンドブック ── イギリスの実戦から

リズ・トリンダーほか【著】　白井千晶【監訳】　A5 判並製　256 頁　本体 2800 円

知らない方が幸せ秘密は墓場まで持って行く、親は複数組ではなく誰か一人（ないし一
組）だ、というパターナリスティックな考えを超えて、子どもが出自を知る権利にも焦
点をあて、養子縁組へのスティグマをはがしていく、日本で初めて紹介のハンドブック！